# PRAXIGRAPHIE.

## Ouvrages de M. LETERRIER.

PRINCIPES GÉNÉRAUX DE LA GRAMMAIRE, ouvrage propre à être mis entre les mains des enfans. Seconde édition. Prix, broché............................... » fr. 75 c.

GRAMMAIRE FRANÇAISE, seconde édition, revue, corrigée et augmentée d'un Traité d'Ortho-graphe............................... 1  35

ÉLÉMENS DE GRAMMAIRE LATINE..........., 1  50

---

PRIX : BROCHÉ, 1 FR. 25 C.; CART., 1 FR. 40 C.;
LE CORRIGÉ SE VEND 75 C.

---

IMPRIMERIE PIHAN DELAFOREST (MORINVAL),
Rue des Bons-Enfans, n°. 34.

# PRAXIGRAPHIE,

OU

## RECUEIL D'EXERCICES,

DANS UN NOUVEAU GENRE,

Pour enseigner ou pour apprendre par la pratique
les règles de la Grammaire et l'Orthographe,
contenant :

1º Un précis de Grammaire ;
2º Des exercices sur la formation du pluriel dans les noms ;
3º Des exercices sur la formation du féminin dans les adjectifs ;
4º Des exercices sur les verbes,
5º Des exercices syntaxiques ;
6º Des exercices sur la règle de dérivation ;

Ouvrage spécialement destiné aux commençans, et adapté
à toutes les grammaires élémentaires ;

Par M. MARLE et M. LETERRIER, principal
de collége.

### SECONDE ÉDITION.

## A PARIS,

CHEZ
{
M. MARLE, rue de Richelieu, nº 21 ;
M. DELALAIN, libraire, rue des Mathurins-Saint-
Jacques, nº 5 ;
MM. BELIN-MANDAR et DEVAUX, rue Saint-André-
des-Arcs, nº 55.

1829.

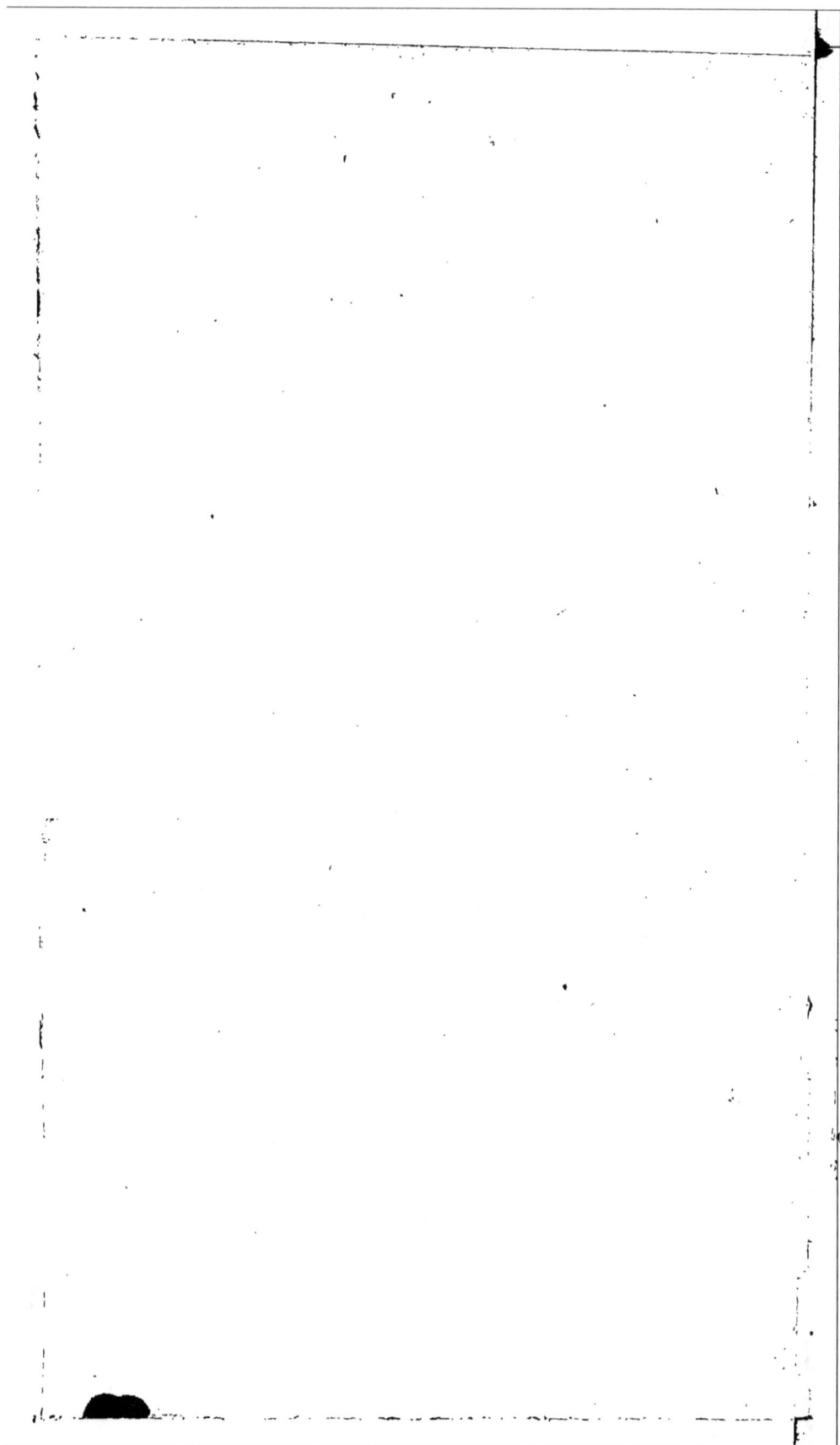

# AVERTISSEMENT.

Le livre que nous offrons au public est spécialement destiné à l'enfance. Il diffère entièrement de tous les ouvrages qui ont paru jusqu'à ce jour sur le même sujet, et par le plan, et par la variété des exercices, et par le procédé qu'il met en usage.

Il peut servir aux maîtres de recueil de dictées; il peut aussi être mis entre les mains des enfans et leur servir de cours pratique d'orthographe ; il peut même les dispenser d'une grammaire.

On demande souvent s'il ne serait pas possible de renfermer en quelques pages les connaissances grammaticales nécessaires aux commençans. Nous espérons que le précis de grammaire qui se trouve en tête de la *Praxigraphie* répondra à ce vœu, et que, avec les règles qui sont répandues dans le corps de l'ouvrage, elle suffira aux élèves pendant un an ou deux.

Plusieurs auteurs blâment la méthode des cacographies. Sans vouloir ici discuter une opinion vers laquelle nous penchons, nous nous contenterons de faire observer que la première partie de notre ouvrage n'a aucun rapport avec le *cacographisme*, et que dans la seconde nous avons évité le grave inconvénient de l'addition des lettres inutiles. Or, c'est moins l'absence des lettres nécessaires, que la présence des lettres inutiles qui induit l'élève en erreur, et habitue son œil et son esprit à une orthographe incorrecte.

Nous avons eu soin de choisir des phrases proportionnées à l'intelligence des enfans : les premiers exercices surtout ne contiennent que des mots d'un usage journalier. Les personnes qui ont l'expérience de l'enseignement savent bien que, sous peine de voir les élèves hérisser leurs copies de fautes, même avec une parfaite connaissance des règles, on ne doit leur donner que des dictées dont le sens soit facile à saisir. Nous avons donc généralement rejeté toutes les phrases à ellipses, à inversions, celles qui cachent un sens trop profond, ou dont la construction s'écarte trop de l'ordre naturel, ou dont enfin l'extrême longueur exige du jeune âge une attention qu'il ne peut supporter.

Au reste, nous n'avons pas eu la prétention de faire un livre savant. La méthode praxigraphique a été employée dans plusieurs maisons d'éducation : les fruits qu'elle a produits ont prouvé qu'elle pouvait être de quelque utilité. C'en était assez pour que nous en fissions hommage aux maîtres et aux élèves. ·

# PRÉCIS
## DE LA GRAMMAIRE.

LA Grammaire enseigne à parler et à écrire correctement. Pour parler et pour écrire on se sert de mots. Les mots sont composés de lettres. Il y a vingt-cinq lettres qui forment l'Alphabet français, savoir : a, b, c, d, e, f, g, h, i, j, k, l, m, n, o, p, q, r, s, t, u, v, x, y, z. *A, e, i, o, u, y*, sont appelés *voyelles*, parce que seuls ils marquent une *voix*, un son. *B, c, d, f, g, h, j, k, l, m, n, p, q, r, s, t, v, x, z*, sont appelés *consonnes*, parce qu'ils ne marquent un *son* qu'avec le secours des voyelles.

Il y a trois sortes d'*e* : l'*e muet*, qui a un son sourd et peu sensible, comme dans *homme ;* l'*e fermé*, qui se prononce la bouche presque fermée, comme dans *bonté ;* l'*e ouvert* qui se prononce en ouvrant davantage la bouche, comme dans *procès.* — L'*y* s'emploie le plus souvent pour deux *i*, comme dans *pays*, *moyen*, qu'il faut prononcer *pai-is*, *moi-ien.* — L'*h* est *muet* ou *aspiré ;* muet dans l'*homme*, l'*honneur*, qu'on prononce comme s'il y avait l'*omme*, l'*onneur ;* aspiré dans la *haine*, le *héros*, où il fait prononcer du gosier la voyelle qui suit.

Les voyelles sont longues ou brèves : *a*, *e*, *i*, *o*, *u* sont longs dans *pâte*, *évêque*, *épître*, *hôte*, *flûte*, et brefs dans *patte*, *trompette*, *litre*, *hotte*, *hutte*. Les voyelles *longues* sont celles qu'on prononce plus lentement que les autres ; les voyelles *brèves* sont celles qu'on prononce plus vite. — Les voyelles sont souvent surmontées de petits signes qu'on appelle *accens* et qui servent généralement à indiquer un changement de prononciation. Il y a trois accens : l'accent *aigu*, qui se met sur la plupart des *é* fermés, *café* ; l'accent *grave*, qui se met sur la plupart des *è* ouverts, *procès* ; l'accent *circonflexe*, qui se met sur les voyelles longues, *apôtre*.

Il y a en français huit sortes de mots qu'on appelle les *parties du discours*, savoir : le *nom*, l'*adjectif*, le *pronom*, le *verbe*, l'*adverbe*, la *préposition* et 'interjection.

### DU NOM.

*Homme*, *cahier*, *Pierre*, *Eugénie*, désignent des personnes ou des choses : ce sont des *noms*. *Homme* est un nom *commun*, parce qu'il convient à toutes les personnes semblables, comme *cahier* à toutes les choses semblables. *Pierre* est un nom *propre*, parce qu'il ne convient qu'à une seule personne. — Tous les noms sont divisés en deux grandes classes. Comme il y a des *mâles* et des *femelles*, de même il y a des noms *masculins* et des noms *féminins*. Cette distinction, établie entre les noms d'après la différence des sexes, est ce qu'on appelle *genre* en grammaire. *Homme* est du genre masculin; *femme* est du genre féminin. Ensuite, par imitation, l'on a donné des genres à des noms de choses qui ne sont ni mâles ni femelles. — Le nom commun peut désigner une seule chose, comme quand on dit *un livre*, ou plusieurs choses, comme quand on dit *les livres*. Cette propriété du nom de désigner une ou plusieurs choses est appelée *nombre*. Il y a deux nombres, le *singulier* et le *pluriel*.

## DE L'ADJECTIF.

L'adjectif est un mot qui marque la qualité des personnes ou des choses : quand on dit *bon père*, *belle image*, *bon*, *belle* sont des adjectifs joints aux noms *père*, *image*.

Cependant il y a des adjectifs qui ne marquent pas la qualité (1) : ce sont *tout*, *plusieurs*, *quelque*, *certain*, *tel*, *quel*, et ceux qu'on appelle *article*, *adjectifs démonstratifs*, *possessifs* et *numéraux*.

L'Article *le*, *la*, *les*, aide à faire connaître le genre et le nombre du nom devant lequel il se place. Il faut y joindre *du*, *des*, *au*, *aux* qui sont pour *de le*, *de*

(1) Ils font connaître si l'on parle de tous les êtres désignés par le nom commun, ou d'une partie seulement. On les appelle *adjectifs déterminatifs*.

*les*, *à le*, *à les*, et que, pour cela, on appelle *articles composés*. — *Ce*, *cet*, *cette*, *ces* servent à montrer les choses dont on parle, et sont appelés *adjectifs démonstratifs*. — *Mon*, *ma*, *mes*, *notre*, *nos*; *ton*, *ta*, *tes*, *votre*, *vos*; *son*, *sa*, *ses*, *leur*, *leurs* sont des *adjectifs possessifs*; ils expriment la possession.—Les *adjectifs numéraux* expriment le nombre ou l'ordre. Ceux qui marquent le nombre sont *un*, *deux*, *trois*, *quatre*, *cinq*, *six*, etc. Ceux qui marquent l'ordre sont *premier*, *deuxième*, *troisième*, *quatrième*, *cinquième*, *sixième*, etc.

## DU PRONOM.

Une personne *qui* parle se désigne par *je*, au lieu de se nommer par son nom; une personne *à qui* l'on parle est désignée par *tu*; une personne *dont* on parle est désignée par *il*, *elle*. On appelle *pronoms* ces mots qui se mettent à la place du nom pour désigner la personne qui parle, ou celle à qui l'on parle, ou celle dont on parle. *Je*, *me*, *moi*, pluriel *nous*, sont pour la première personne; *tu*, *te*, *toi*, pluriel *vous*, pour la seconde; *il*, *elle*, *lui*, *leur*, *se*, *soi*, *le*, *la*, *les*, *en* et *y* sont pour la troisième. Ces sortes de pronoms sont particulièrement appelés *personnels*. Il y a, en outre, des *pronoms démonstratifs*, comme ce, ceci, cela, celui-ci, celle-ci, ceux-ci, celles-ci, celui-là, celle-là, ceux-là, celles-là; des *pronoms possessifs*, comme le

mien , la mienne , les miens , les miennes , le nôtre ,
les nôtres ; le tien , la tienne , les tiens , les tiennes , le
vôtre , les vôtres ; le sien , la sienne , les siens , les
siennes , le leur , les leurs ; des pronoms conjonctifs ,
comme qui , que , quoi , dont , lequel , laquelle , lesquels , lesquelles ; des pronoms indéfinis comme qui-
conque , chacun , personne , autrui , quelqu'un , l'un ,
l'autre , etc.

## DU VERBE.

Quand je dis Émile est bon , le mot est marque que
dans mon esprit la personne dont je parle , Émile ,
existe avec la qualité de bon ; quand je dis Émile travaille , le mot travaille marque qu'Émile existe comme
faisant l'action de travailler. Les mots est et travaille ,
qui expriment que la personne ou la chose dont on parle
est ou fait quelque chose, sont des verbes.

Il y a quatre choses à considérer dans les verbes : le
nombre, la personne , le temps et le mode. — Le verbe
marque le nombre au moyen d'un changement de terminaison , comme quand on dit : l'animal court , les animaux courent. — Il marque aussi la personne : j'aime ,
tu aimes , il aime. — Les temps sont des formes que
prend le verbe pour marquer le présent , le passé ou le
futur , comme quand on dit : Dieu est , Dieu a été ,
Dieu sera. — Les modes sont les différentes manières
d'exprimer ce que le verbe signifie. Il y en a six ; sa-

voir : l'*Indicatif*, qui affirme d'une manière positive ;
l'*Impératif*, qui exprime le commandement ou la prière ;
le *Conditionnel*, qui exprime que la chose serait ou aurait été moyennant une condition ; le *Subjonctif*, qui
dépend d'un verbe antécédent, sans lequel il ne forme-
rait pas de sens parfait ; l'*Infinitif*, qui marque la
chose d'une manière vague et générale, sans nombre ni
personne ; le *Participe*, qui présente le verbe sous la
forme d'un adjectif. Ce dernier est ainsi nommé, parce
qu'il *participe* à-la-fois du verbe et de l'adjectif.

## CONJUGAISONS.

Tous les verbes de la langue française sont rangés en
quatre classes, qu'on appelle *conjugaisons*. La première
conjugaison a le présent de l'infinitif en *er*, comme aim*ER*;
la seconde en *ir*, comme fin*IR*; la troisième en *oir*, comme
rece*VOIR*; la quatrième en *re*, comme rend*RE*. *Conjuguer*
un verbe, c'est le faire passer par toutes ses terminaisons de nombre, de personne, de temps et de mode.

# CONJUGAISON DES VERBES

*ÊTRE* et *AVOIR*.

| INFINITIF. | INFINITIF. |
|---|---|

| PRÉSENT. | PASSÉ. | PRÉSENT. | PASSÉ. |
|---|---|---|---|
| Être. | Avoir été. | Avoir. | Avoir eu. |

| FUTUR. | FUTUR. |
|---|---|
| Devoir être. | . . . . . . |

## PARTICIPE.

| PRÉSENT. | PASSÉ. |
|---|---|
| Étant. | Ayant été. |

### FUTUR.

Devant être.

## INDICATIF.

| PRÉSENT. | PASSÉ INDÉF. |
|---|---|
| S. Je suis. | J'ai été. |
| Tu es. | Tu as été. |
| Il *ou* elle est. | Il *ou* elle a été. |
| P. Nous sommes. | Nous avons été. |
| Vous êtes. | Vous avez été. |
| Ils *ou* elles sont. | Ils *ou* elles ont été. |

### IMPARFAIT. PLUSQUEPARF.

| | |
|---|---|
| S. J'étais. | J'avais été. |
| Tu étais. | Tu avais été. |
| Il était. | Il avait été. |
| P. Nous étions. | Nous avions été. |
| Vous étiez. | Vous aviez été. |
| Ils étaient. | Ils avaient été. |

### PASSÉ DÉFINI. PASSÉ ANTÉR.

| | |
|---|---|
| S. Je fus. | J'eus été. |
| Tu fus. | Tu eus été. |
| Il fut. | Il eut été. |
| P. Nous fûmes. | Nous eûmes été. |
| Vous fûtes. | Vous eûtes été. |
| Ils furent. | Ils eurent été. |

### FUTUR. FUTUR PASSÉ.

| | |
|---|---|
| S. Je serai. | J'aurai été. |
| Tu seras. | Tu auras été. |
| Il sera. | Il aura été. |
| P. Nous serons. | Nous aurons été. |

## PARTICIPE.

| PRÉSENT. | PASSÉ. |
|---|---|
| Ayant. | Eu, eue, ayant eu. |

### FUTUR.

Devant avoir.

## INDICATIF.

| PRÉSENT. | PASSÉ INDÉF. |
|---|---|
| S. J'ai. | J'ai eu. |
| Tu as. | Tu as eu. |
| Il *ou* elle a. | Il *ou* elle a eu. |
| P. Nous avons. | Nous avons eu. |
| Vous avez. | Vous avez eu. |
| Ils *ou* elles ont. | Ils *ou* elles ont eu. |

### IMPARFAIT. PLUSQUEPARF.

| | |
|---|---|
| S. J'avais. | J'avais eu. |
| Tu avais. | Tu avais eu. |
| Il avait. | Il avait eu. |
| P. Nous avions. | Nous avions eu. |
| Vous aviez. | Vous aviez eu. |
| Ils avaient. | Ils avaient eu. |

### PASSÉ DÉFINI. PASSÉ ANTÉR.

| | |
|---|---|
| S. J'eus. | J'eus eu. |
| Tu eus. | Tu eus eu. |
| Il eut. | Il eut eu. |
| P. Nous eûmes. | Nous eûmes eu. |
| Vous eûtes. | Vous eûtes eu. |
| Ils eurent. | Ils eurent eu. |

### FUTUR. FUTUR PASSÉ.

| | |
|---|---|
| S. J'aurai. | J'aurai eu. |
| Tu auras. | Tu auras eu. |
| Il aura. | Il aura eu. |
| P. Nous aurons. | Nous aurons eu. |

xiv

| | | | |
|---|---|---|---|
| Vous serez. | Vous anrez été. | Vous aurez. | Vous aurez eu. |
| Ils seront. | Ils auront été. | Ils auront. | Ils auront eu. |

## CONDITIONNEL.

| PRÉSENT. | PASSÉ. |
|---|---|
| S. Je serais. | J'aurais été. |
| Tu serais. | Tu aurais été. |
| Il serait. | Il anrait été. |
| P. Nous serions. | Nous aurions été. |
| Vous seriez. | Vous auriez été. |
| Ils seraient. | Ils auraient été. |

## CONDITIONNEL.

| PRÉSENT. | PASSÉ. |
|---|---|
| S. J'aurais. | J'aurais eu. |
| Tu aurais. | Tu aurais eu. |
| Il aurait. | Il aurait eu. |
| P. Nous aurions. | Nous aurions eu. |
| Vous auriez. | Vous auriez eu. |
| Ils auraient. | Ils auraient eu. |

## IMPÉRATIF.

( *Point de première personne.* )
- S. Sois.
- Qu'il soit.
- P. Soyons.
- Soyez.
- Qu'ils soient.

## IMPÉRATIF.

( *Point de première personne.* )
- S. Aie.
- Qu'il ait.
- P. Ayons,
- Ayez.
- Qu'ils aient.

## SUBJONCTIF.

| PRÉSENT. | PASSÉ. |
|---|---|
| S. Que je sois. | Que j'aie été. |
| Que tu sois. | Que tu aies été. |
| Qu'il soit. | Qu'il ait été. |
| P. Que nous soyons | Que nous ayons été |
| Que vous soyez. | Que vous ayez été. |
| Qu'ils soient. | Qu'ils aient été. |

IMPARFAIT. PLUSQUEPARF.

| S. Que je fusse. | Que j'eusse été. |
|---|---|
| Que tu fusses. | Que tu eusses été. |
| Qu'il fût. | Qu'il eût été. |

## SUBJONCTIF.

| PRÉSENT. | PASSÉ. |
|---|---|
| S. Que j'aie. | Que j'aie eu. |
| Que tu aies. | Que tu aies eu. |
| Qu'il ait. | Qu'il ait eu. |
| P. Que nous ayons. | Que nous ayons eu. |
| Que vous ayez. | Que vous ayez eu. |
| Qu'ils aient. | Qu'ils aient eu. |

IMPARFAIT. PLUSQUEPARF.

| S. Que j'eusse. | Que j'eusse eu. |
|---|---|
| Que tu eusses. | Que tu eusses eu. |
| Qu'il eût. | Qu'il eût eu. |

| P. Que nous fus- sions. | Que nous eussions été. | P. Que nous eus- sions. | Que nous eussions eu. |
| Que vous fus- siez. | Que vous eussiez été. | Que vous eus- siez. | Que vous eussiez eu. |
| Qu'ils fussent. | Qu'ils eussent été. | Qu'ils eussent. | Qu'ils eussent eu. |

Les verbes *être* et *avoir*, servant à conjuguer les autres verbes, sont appelés *auxiliaires*.

## PREMIÈRE CONJUGAISON.

### VERBE *AIMER.*

#### INFINITIF.

PRÉSENT.

Aimer.

PASSÉ.

Avoir aimé.

FUTUR.

Devoir aimer.

#### PARTICIPE.

PRÉSENT.

Aimant.

PASSÉ.

Aimé, ée, ayant aimé.

FUTUR.

Devant aimer.

#### INDICATIF.

PRÉSENT.

S. J'aime, tu aimes, il ou elle aime. P. Nous aimons, vous aimez, ils ou elles aiment.

PASSÉ INDÉFINI.

S. J'ai, tu as, il ou elle a aimé. P. Nous avons, vous avez, ils ou elles ont aimé.

### IMPARFAIT.

S. J'aimais, tu aimais, il aimait.
P. Nous aimions, vous aimiez, ils aimaient.

### PLUSQUEPARFAIT.

S. J'ai, tu as, il a aimé.
P. Nous avons, vous avez, ils ont aimé.

### PASSÉ DÉFINI.

S. J'aimai, tu aimas, il aima.
P. Nous aimâmes, vous aimâtes, ils aimèrent.

### PASSÉ ANTÉRIEUR.

S. J'eus, tu eus, il eut aimé.
P. Nous eûmes, vous eûtes, ils eurent aimé.

### FUTUR.

S. J'aimerai, tu aimeras, il aimera.
P. Nous aimerons, vous aimerez, ils aimeront.

### FUTUR PASSÉ.

S. J'aurai, tu auras, il aura aimé.
P. Nous aurons, vous aurez, ils auront aimé.

## CONDITIONNEL.

### PRÉSENT ET FUTUR.

S. J'aimerais, tu aimerais, il aimerait.
P. Nous aimerions, vous aimeriez, ils aimeraient.

### PASSÉ.

S. J'aurai, tu auras, il aura aimé.
P. Nous aurons, vous aurez, ils auront aimé.

## IMPÉRATIF.

### PRÉSENT.

S. Aime, qu'il aime.
P. Aimons, aimez, qu'ils aiment.

## SUBJONCTIF.

### PRÉSENT.

S. Que j'aime, que tu aimes, qu'il aime.
P. Que nous aimions, que vous aimiez, qu'ils aiment.

### PASSÉ.

S. Que j'aie, que tu aies, qu'il ait aimé.
P. Que nous ayons, que vous ayez, qu'ils aient aimé.

| IMPARFAIT. | PLUSQUEPARFAIT. |
|---|---|
| Que j'aimasse, que tu aimasses, qu'il aimât. | S. Que j'eusse, que tu eusses, qu'il eût aimé. |
| Que nous aimassions, que vous aimassiez, qu'ils aimassent. | P. Que nous eussions, que vous eussiez, qu'ils eussent aimé. |

# DEUXIÈME CONJUGAISON.

## VERBE *FINIR*.

## INFINITIF.

| PRÉSENT. | PASSÉ. |
|---|---|
| Finir. | Avoir fini. |

### FUTUR.

Devoir finir.

## PARTICIPE.

| PRÉSENT. | PASSÉ. |
|---|---|
| Finissant. | Fini, ie, ayant fini. |

### FUTUR.

Devant finir.

## INDICATIF.

| PRÉSENT. | PASSÉ INDÉFINI. |
|---|---|
| e finis, tu finis, il ou elle finit. | S. J'ai, tu as, il ou elle a fini. |
| Nous finissons, vous finissez, ils ou elles finissent. | P. Nous avons, vous avez, ils ou elles ont fini. |
| IMPARFAIT. | PLUSQUEPARFAIT. |
| e finissais, tu finissais, il finissait. | S. J'avais, tu avais, il avait fini. |

*a..*

P. Nous finissions, vous finissiez, ils finissaient.

P. Nous avions, vous aviez, ils avaient fini.

## PASSÉ DÉFINI.

S. Je finis, tu finis, il finit.

P. Nous finîmes, vous finîtes, ils finirent.

## PASSÉ ANTÉRIEUR.

S. J'eus, tu eus, il eut fini.

P. Nous eûmes fini, vous eûtes fini, ils eurent fini.

## FUTUR.

S. Je finirai, tu finiras, il finira.

P. Nous finirons, vous finirez, ils finiront.

## FUTUR PASSÉ.

S. J'aurai, tu auras, il aura fini.

P. Nous aurons, vous aurez, ils auront fini.

# CONDITIONNEL.

## PRÉSENT ET FUTUR.

S. Je finirais, tu finirais, il finirait.

P. Nous finirions, vous finiriez, ils finiraient.

## PASSÉ.

S. J'aurais, tu aurais, il aurait fini.

P. Nous aurions, vous auriez, ils auraient fini.

# IMPÉRATIF.

S. Finis, qu'il finisse.

P. Finissons, finissez, qu'ils finissent.

# SUBJONCTIF.

## PRÉSENT.

S. Que je finisse, que tu finisses, qu'il finisse.

P. Que nous finissions, que vous finissiez, qu'ils finissent.

## PASSÉ.

S. Que j'aie, que tu aies, qu'il ait fini.

P. Que nous ayons, que vous ayez, qu'ils aient fini.

## IMPARFAIT.

S. Que je finisse, que tu finisses, qu'il finît.

P. Que nous finissions, que vous finissiez, qu'ils finissent.

## PLUSQUEPARFAIT.

S. Que j'eusse, que tu eusses, qu'il eût fini.

P. Que nous eussions, que vous eussiez, qu'ils eussent fini.

# TROISIÈME CONJUGAISON.

## VERBE *RECEVOIR*.

### INFINITIF.

| PRÉSENT. | PASSÉ. |
|---|---|
| Recevoir. | Avoir reçu. |

#### FUTUR.

Devoir recevoir.

### PARTICIPE.

| PRÉSENT. | PASSÉ. |
|---|---|
| Recevant. | Reçu, ue, ayant reçu. |

#### FUTUR.

Devant recevoir.

### INDICATIF.

| PRÉSENT. | PASSÉ INDÉFINI. |
|---|---|
| S. Je reçois, tu reçois, il ou elle reçoit. | S. J'ai, tu as, il ou elle a reçu. |
| P. Nous recevons, vous recevez, ils reçoivent. | P. Nous avons, vous avez, ils ont reçu. |

| IMPARFAIT. | PLUSQUEPARFAIT. |
|---|---|
| S. Je recevais, tu recevais, il recevait. | S. J'avais, tu avais, il avait reçu. |
| P. Nous recevions, vous receviez, ils recevaient. | P. Nous avions, vous aviez, ils avaient reçu. |

| PASSÉ DÉFINI. | PASSÉ ANTÉRIEUR. |
|---|---|
| S. Je reçus, tu reçus, il reçut. | S. J'eus, tu eus, il eut reçu. |
| P. Nous reçûmes, vous reçûtes, ils reçurent. | P. Nous eûmes, vous eûtes, ils eurent reçu. |

| FUTUR. | FUTUR PASSÉ. |
|---|---|
| S. Je recevrai, tu recevras, il recevra. | S. J'aurai, tu auras, il aura reçu. |
| P. Nous recevrons, vous recevrez, ils recevront. | P. Nous aurons, vous aurez, ils auront reçu. |

## CONDITIONNEL.

| PRÉSENT ET FUTUR. | PASSÉ. |
|---|---|
| S. Je recevrais, tu recevrais, il recevrait. | S. J'aurais, tu aurais, il aurait reçu. |
| P. Nous recevrions, vous recevriez, ils recevraient. | P. Nous aurions, vous auriez, ils auraient reçu. |

## IMPÉRATIF.

S. Reçois, qu'il reçoive.

P. Recevons, recevez, qu'ils reçoivent.

## SUBJONCTIF.

| PRÉSENT. | PASSÉ. |
|---|---|
| S. Que je reçoive, que tu reçoives, qu'il reçoive. | S. Que j'aie, que tu aies, qu'il sit reçu. |
| P. Que nous recevions, que vous receviez, qu'ils reçoivent. | P. Que nous ayons, que vous ayez, qu'ils aient reçu. |

| IMPARFAIT. | PLUSQUEPARFAIT. |
|---|---|
| S. Que je reçusse, que tu reçusses, qu'il reçût. | S. Que j'eusse, que tu eusses, qu'il eût reçu. |
| P. Que nous reçussions, que vous reçussiez, qu'ils reçussent. | P. Que nous eussions, que vous eussiez, qu'ils eussent reçu. |

# QUATRIÈME CONJUGAISON.

## VERBE *RENDRE*.

## INFINITIF.

**PRÉSENT.**                    **PASSÉ.**

Rendre.                    Avoir rendu.

### FUTUR.

Devoir rendre.

## PARTICIPE.

**PRÉSENT.**                    **PASSÉ.**

Rendant.            Rendu, ue, ayant rendu.

### FUTUR.

Devant rendre.

## INDICATIF.

**PRÉSENT.**                    **PASSÉ INDÉFINI.**

S. Je rends, tu rends, il *ou* elle rend. S. J'ai, tu as, il *ou* elle a rendu.
P. Nous rendons, vous rendez, ils P. Nous avons, vous avez, ils ont
rendent.                    rendu.

**IMPARFAIT.**                    **PLUSQUEPARFAIT.**

S. Je rendais, tu rendais, il rendait. S. J'avais, tu avais, il avait rendu.
P. Nous rendions, vous rendiez, ils P. Nous avions, vous aviez, ils avaient
rendaient.                    rendu.

### PASSÉ DÉFINI.

S. Je rendis, tu rendis, il rendit.
P. Nous rendîmes, vous rendîtes, ils rendirent.

### PASSÉ ANTÉRIEUR.

S. J'eus, tu eus, il eut rendu.
P. Nous eûmes, vous eûtes, ils eurent rendu.

### FUTUR.

S. Je rendrai, tu rendras, il rendra.
P. Nous rendrons, vous rendrez, ils rendront.

### FUTUR PASSÉ.

S. J'aurai, tu auras, il aura rendu.
P. Nous aurons, vous aurez, ils auront rendu.

## CONDITIONNEL.

### PRÉSENT ET FUTUR.

S. Je rendrais, tu rendrais, il rendrait.
P. Nous rendrions, vous rendriez, ils rendraient.

### PASSÉ.

S. J'aurais, tu aurais, il aurait rendu.
P. Nous aurions, vous auriez, ils auraient rendu.

## IMPÉRATIF.

S. Rends, qu'il rende.
P. Rendons, rendez, qu'ils rendent.

## SUBJONCTIF.

### PRÉSENT.

S. Que je rende, que tu rendes, qu'il rende.
P. Que nous rendions, que vous rendiez, qu'ils rendent.

### PASSÉ.

S. Que j'aie, que tu aies, qu'il ait rendu.
P. Que nous ayons, que vous ayez, qu'ils aient rendu.

### IMPARFAIT.

S. Que je rendisse, que tu rendisses, qu'il rendît.
P. Que nous rendissions, que vous rendissiez, qu'ils rendissent.

### PLUSQUEPARFAIT.

S. Que j'eusse, que tu eusses, qu'il eût rendu.
P. Que nous eussions, que vous eussiez, qu'ils eussent rendu.

Du sujet du verbe. — Le sujet du verbe est la personne ou la chose, qui est ou qui fait ce que marque le verbe. On le trouve en faisant la question *qui est-ce qui.* Ex. : *Dieu est bon:* qui est-ce qui est bon? Rép. *Dieu. Dieu* est le sujet du verbe *est.* Le verbe prend le nombre et la personne de son sujet.

Du complément. — Le complément ou régime est ce qui complète le sens du verbe. On distingue le complément direct et le complément indirect. Dans cette phrase : *Donner un livre à l'enfant, livre* est le complément direct du verbe *donner ;* il répond à la question *quoi* faite après le verbe ; *à l'enfant* est le complément indirect; il se marque par *à* ou *de*, et répond aux questions *à quoi, de quoi.*

Des différentes sortes de verbes. — Les verbes sont actifs, passifs ou neutres. Les verbes actifs expriment une action faite par le sujet et ont un complément direct: ils se reconnaissent quand on peut mettre après *quelqu'un* ou *quelque chose*, comme quand on dit: *J'aime Dieu, je pratique la vertu.* Le passif est le contraire de l'actif, c'est-à-dire qu'il marque une action supportée et non pas faite par le sujet, comme quand on dit: *Dieu est aimé de moi.* Le verbe neutre n'a point de complément direct et ne peut se tourner par le passif.

# CONJUGAISON D'UN VERBE PASSIF.

Le verbe passif se conjugue avec le verbe *être* et le participe passé du verbe qu'on veut conjuguer.

### INFINITIF.

*Présent.* Être aimé, ée; fini, ie, etc. *Passé.* Avoir été aimé, ée; fini, ie, etc.

*Futur.* Devoir être aimé, ée.

### PARTICIPE.

*Présent.* Étant aimé, ée.       *Passé.* Aimé, ayant été aimé, ée.

*Futur.* Devant être aimé, ée.

### INDICATIF.

*Prés.* Je suis, tu es, il est aimé, ée.    *Pass. ind.* J'ai été, tu as été, il a été aimé, ée.

*Imp.* J'étais, tu étais, il était aimé, ée.    *Plusqueparf.* J'avais été aimé, ée.

*Pass. déf.* Je fus, tu fus, il fut aimé, ée.    *Pass. ant.* J'eus été aimé, ée.

*Fut.* Je serai, tu seras, il sera aimé, ée.    *Fut. pass.* J'aurai été aimé, ée.

### CONDITIONNEL.

*Prés.* ou *fut.* Je serais, tu serais aimé, ée.    *Pass.* J'aurais été aimé, ée.

### IMPÉRATIF.

Sois, qu'il soit aimé, ée.

### SUBJONCTIF.

*Prés.* Que je sois aimé, ée.    *Passé.* Que j'aie été aimé, ée.

*Imparf.* Que je fusse aimé, ée.    *Plusqueparf.* Que je fusse aimé, ée.

## VERBE NEUTRE *SORTIR.*

Il y a des verbes neutres qui se conjuguent avec l'auxiliaire *être.*

### INFINITIF.

*Prés.* Sortir.　　　　　*Pass.* Être sorti, ie.
　　　　　　*Fut.* Devoir sortir.

### PARTICIPE.

*Prés.* Sortant.　　　　　*Passé.* Sorti, étant sorti, ie.
　　　　　　*Fut.* Devant sortir.

### INDICATIF.

*Prés.* Je sors, tu sors, il sort, etc.　*Pass. indéf.* Je suis, tu es, il est sorti, ie, etc.

*Imparf.* Je sortais, tu sertais, il sortait, etc.　*Plusqueparf.* J'étais, tu étais, il était sorti, etc.

*Pass. déf.* Je sortis, tu sortis, il sortit, etc.　*Pass. ant.* Je fus, tu fus, il fut sorti, etc.

*Fut.* Je sortirai, tu sortiras, il sortira, etc.　*Fut. pas.* Je serai, tu seras, il sera sorti, etc.

### CONDITIONNEL.

*Prés.* Je sortirais, etc.　　　*Passé.* Je serais, tu serais sorti, etc.

### IMPÉRATIF.

Sors, qu'il sorte, etc.

### SUBJONCTIF.

*Prés.* Que je sorte, etc.　　　*Pas.* Que je sois sorti, etc.
*Imp.* Que je sortisse, etc.　　*Plusqueparf.* Que je fusse sorti, etc.

Outre les verbes actifs, passifs et neutres, on dis-

*b*

tingue les verbes *pronominaux* et les verbes *impersonnels*. Les verbes pronominaux sont accompagnés de deux pronoms de la même personne. Ils se conjuguent avec le verbe *être* : *s'être repenti*, *s'étant repenti*, *je me repens*, *je me suis repenti*, *je me repentais*, *je m'étais repenti*, *que je me repente*, *que je me sois repenti*, etc. Les verbes impersonnels ne s'emploient qu'à la troisième personne du sing. *Il faut*, *il a fallu*, *il faudra*, *il aura fallu*, *qu'il faille*, *qu'il ait fallu*, etc.

### DE L'ADVERBE.

Si l'on dit *vivre* TRANQUILLEMENT, *un homme* DANGEREUSEMENT *malade*, *une femme* TRÈS-DANGEREUSEMENT *malade*, le mot *tranquillement* détermine la signification du verbe *vivre*, le mot *dangereusement* celle de l'adjectif *malade*, le mot *très* celle du mot *dangereusement*.

Ces sortes de mots sont appelés *adverbes* : ils déterminent, comme on voit, la signification des verbes, des adjectifs et même des autres adverbes. *Promptement, lentement, souvent, toujours, où, partout, certainement, nullement, alors, guère, médiocrement,* etc., sont des adverbes.

### DE LA PRÉPOSITION.

Dans cette phrase : *un homme propre à la guerre*, le mot *à* lie le mot *guerre* au mot *propre* pour en compléter le sens. On nomme préposition ces sortes de mots qui servent à lier le nom ou pronom qui suit au mot qui précède pour en compléter le sens. — Le mot qui complète le sens de la préposition est son complément : Ainsi, dans l'exemple précédent, *guerre* est le complément de la préposition *à*. Les principales prépositions sont : *à, après, avec, chez, contre, dans, de, depuis, dès, en, entre, outre, par, parmi, pour, sous, selon, sur, vers.*

## DE LA CONJONCTION.

Dans cet exemple : *Un enfant est aimé quand il remplit ses devoirs*, il y a deux phrases, *un enfant est aimé*, et, *il remplit ses devoirs*. Ces deux phrases sont jointes par le mot *quand*, appelé pour cela *conjonction*. Les principales conjonctions sont *que, et, ni, ou, si, mais, car, or, donc, quand ;* etc.

## DE L'INTERJECTION.

Les interjections expriment les sentimens de l'âme. Les unes marquent la joie, comme *ha ! hi !* les autres la douleur, comme *ah ! aie ! hélas !* d'autres le dédain, comme *fi !* d'autres le dégoût, comme *pouah !*

# PRAXIGRAPHIE.

## CHAPITRE I.

## FORMATION DU PLURIEL DANS LES NOMS ET DANS LES ADJECTIFS.

RÈGLE GÉNÉRALE. — *Les noms et les adjectifs forment leur pluriel en prenant un* s.

[ Les élèves partageront leur cahier, et ensuite leur copie, en deux colonnes. Sur la colonne à gauche, ils écriront les phrases telles qu'elles sont ici; en regard, sur la colonne à droite, ils mettront ces mêmes phrases au pluriel. Exemples :

Le père est bon............ Les pères sont bons.
La mère est indulgente.... Les mères sont indulgentes.

Le maître devra faire précéder l'exercice écrit de l'exercice oral. ]

### I.

Le père est bon.
La mère est indulgente.
L'enfant est gai.
Le frère est aimé.
Ma sœur est bonne.
L'écolier est léger.
La table est ronde.
Le cahier est propre.
Le devoir est achevé.

1

La plume est mauvaise.
Le pupitre est noir.
Le livre est utile.
L'ouvrage est terminé.
Le maître est patient.
Le disciple est attentif.
La classe est nombreuse.
La leçon est récitée.
Le poudrier est renversé.

## II.

La chambre est chaude.
Le peuple est inconstant.
Le marbre est poli.
Le mur est construit.
L'habit est nécessaire.
La maison est commode.
Le chien est caressant.
Le chat est perfide.
Le renard est rusé.
Le mulet est entêté.
Le loup est féroce.
Le tigre est cruel.
L'éléphant est intelligent.
Le singe est imitateur.
Le lion est magnanime.
La fourmi est industrieuse.
Le bœuf est robuste.

## III.

Le jardin est cultivé.
La feuille est verte.
Le rosier est fleuri.

La poire est mûre.
La pomme est acide.
La prune est fiévreuse.
La cerise est rafraîchissante.
La pêche est froide.
Le raisin est vert.
La figue est sucrée.
La noisette est savoureuse.
La nèfle est tendre.
La framboise est rouge.
L'amandier est délicat.
L'ouvrage est terminé.
L'habit est nécessaire.
L'arbre est touffu.
L'écolier est léger.
L'homme est raisonnable.
L'âne est sobre.

## EXCEPTIONS A LA RÈGLE GÉNÉRALE DE LA FORMATION DU PLURIEL.

**Première exception.** — *Les noms et les adjectifs terminés par* s, x, z, *n'ajoutent rien au pluriel.*

### I.

Le succès est douteux.
L'excès est condamnable.
Ce propos est inconsidéré.
L'engrais est mauvais.
Le fils est soumis.

1..

Le procès est perdu.
Ce drap est gris.
Ce nuage est épais.
L'avis est judicieux.
Ce palais est spacieux.
L'époux est jaloux.
Le soldat est belliqueux.
Le luth est harmonieux.

## II.

L'os est fracturé.
L'abcès est crevé.
Le héros est invincible.
Ce nez est camus.
Le progrès est sensible.
Ce tapis est vieux.
L'abus est criant.
Le refus est motivé.
Le malade est perclus.
L'ermite est reclus.
Ce gueux est dangereux.
Le dervis est charitable.
Le repas est somptueux.
Le bras est nerveux.

## III.

La noix est huileuse.
L'ananas est exquis.
La perdrix est timide.
La souris est incommode.
Le velours est soyeux.
Le houx est lisse.

Le bœuf est gras.
Ce chien est hargneux.
Le bâton est noueux.
Le congrès est dissous.
Le terrain est pierreux.
Le cyprès est triste.
Ce marais est pestilentiel.
Le putois est puant.
L'ours est solitaire.
Le lynx est moucheté.
Le jais est compact.

**DEUXIÈME EXCEPTION.** — *Les noms en* au, eu, *prennent un* x *au pluriel. Les noms suivans en* ou *prennent aussi un* x *au pluriel :* caillou, chou, genou, hibou, pou, joujou, bijou (1), glouglou. *Les autres noms en* ou *appartiennent à la règle générale, et prennent un* s.

REMARQUE. — *Excepté* bleu, feu, *tous les adjectifs en* eu *sont terminés par un* x *au singulier comme au pluriel. Ajoutez-y* faux *et* doux, jaloux, roux, *les seuls adjectifs en* oux.

Ce tableau est nouveau.
Ce joyau est beau.

---

(1) *Bijou* est écrit avec un *x* au pluriel par l'*Académie*, *Laveaux*, *Diderot*, etc.

( 6 )

L'aloyau est succulent.
Le tréteau est solide.
Le pieu est pointu.
Le jeu est agréable.
Le seau est de douze pintes.
Ce joujou est joli.
Le tonneau est plein.
Le vœu est téméraire.
Ce bijou est faux.
Le manteau est chaud.
Cet aveu est tardif.
Le vaisseau est rapide.
Le couteau est tranchant.
L'étau est serré.

## II.

Ce rideau est bleu.
Le genou est souple.
Le poireau est bulbeux.
Le roseau est pliant.
Le bouleau est flexible.
Le chou est indigeste.
Le gruau est rafraîchissant.
Le chameau est bossu.
L'agneau est doux.
Le taureau est farouche.
Le hibou est triste.
Le louveteau est méchant.
L'unau est paresseux.
Le caillou est dur.

## III.

Ce rondeau est chantant.
Le pruneau est sain.
Le pou est sale.
Ce lapereau est tendre.
Le noyau est cassé.
Le tuyau est creux
Le bateau est construit.
Le grumeau est épais.
Ce lieu est fameux.
L'essieu est rompu.
Ce cheveu est roux.
Mon neveu est jaloux.

*Noms en* ou *qui rentrent dans la règle générale, et prennent un* s (1).

Le coucou est désagréable.
Le trou est profond.
Le bambou est flexible.
Le clou est pointu.
Le coulicou est une espèce de coucou.
Ce fou est dangereux.
Ce filou est adroit.

---

(1) Il y a d'autres noms en *ou*, mais ce sont, pour la plupart, des noms d'animaux ou de plantes, comme *sajou, cariacou, carcajou, caribou, chibou, carabou*, etc. Il faut les faire rentrer dans la règle générale, ainsi que *Topinambous*, nom des peuples indigènes du Brésil.

Le sapajou est une espèce de singe.
Le pambou est un serpent des Indes.
Ce matou est traître.
Le sou est rond.
Ce licou est trop court.
Le verrou est rouillé.

TROISIÈME EXCEPTION. — *Les noms en* al *font au pluriel* aux, *ainsi que les noms suivans en* ail, émail, corail, bail, travail, soupirail (1).

*La plupart des adjectifs en* àl *changent aussi* al *en* aux.

I.

Le corail est rouge.
L'émail est transparent.
Le cristal est blanc.
Le cheval est belliqueux.
L'amiral est loyal.
Le général est courageux.
Le travail est fructueux.
Le procès-verbal est dressé.
L'arsenal est bien muni.
Le bocal est fragile.
Le mal est invétéré.

---

(1) Nous ne parlons ni de *vantail* ( battant de porte ), ni de *ventail* ( partie inférieure d'un casque ), mots peu communs, ainsi que *universel*, terme de logique, dont le pluriel est *universaux*.

Le péché est capital.
Le tribunal est impartial.
Ce verbe est anomal.
Le cardinal est bienfaisant.
Le paysan est brutal.
Le compte est égal.
Le fanal est allumé.

## II.

Le soupirail est petit.
Le jour est inégal.
Le local est spacieux.
Le bail est onéreux.
L'hôpital est l'asile du pauvre.
Ce provincial est niais.
Ce Provençal est vif.
Ce madrigal est bien tourné.
Le signal est donné.
Le rival est supplanté.
Ce cordial est restaurant.
Ce maréchal est maladroit.
Le journal est mal rédigé.
Ce conte est moral.

## III.

Le prince est libéral.
Le métal est fondu.
Ce piédestal est solide.
Ce mot est trivial.
Le vassal est soumis.
Le canal est nétoyé.
L'étal est bien placé.

Le manuscrit est original.
Le principal est sévère.
Cet animal est industrieux.
Le quintal est de cent livres.
Le juge est partial.
Ce tour est grammatical.
Cet adjectif est numéral.
Ce sirop est pectoral.

## *Mots en* al *et en* ail *qui rentrent dans la règle générale, et prennent un* s.

Ce détail est fatigant.
Le carnaval est amusant.
Ce portail est magnifique (1).
L'effet est théâtral.
L'instant est fatal.
Ce son final est nasal.
Le vent est glacial.
Le nopal est épineux.
Le régal est splendide.
Le chacal est carnassier.
Le narval est redoutable.

---

(1) Autrefois on disait des *portaux*, au lieu de dire des *portails*. Maintenant on rejette également de la classe des exceptions *théâtral*, *fatal*, *final*, *glacial*, *nasal*, *regal*.

Plusieurs adjectifs en *al* n'ont pas de pluriel masculin, parce qu'ils ne se joignent au pluriel qu'à des noms féminins ; tels sont *diagonal*, *diamétral*, *expérimental*, *instrumental*, *médicinal*, etc. *Vocal* est employé au pluriel par plusieurs grammairiens : *des effets vocaux*.

Le gouvernail est brisé.
L'éventail est monté.
Le combat naval est horrible.
Le cierge pascal est brûlé.
Le cal est gênant.
Cet épouvantail est inutile.

## PLURIELS A REMARQUER.

Ail *fait au pluriel* aulx ; bétail *emprunte son pluriel de l'adjectif* bestial ; travail *suit la règle générale et prend un* s *au plu- riel, pour désigner une machine avec la- quelle les maréchaux ferrent les chevaux vicieux, ou un compte rendu par un infé- rieur à son chef.* Aïeul, *qui signifie le grand-père paternel ou le grand-père ma- ternel, fait* aïeuls : *il ne faut pas confondre ce dernier mot avec* aïeux, *qui veut dire an- cêtres.* Ciel, œil, *font* cieux, yeux, *excepté dans les expressions* les ciels de tableau, les ciels de carrière, les œils de bœuf, les œils de la soupe, les œils du fromage (1).

(1) *Ciels* s'emploie encore au pluriel pour signifier *climat* : *Il y a peu de ciels aussi beaux que le Brésil.* En résumé, *ciel*, *œil*, suivent la règle générale quand ils sont pris au figuré.

Le ciel est azuré.

Le bétail est nombreux.

L'ail est mangé.

Mon aïeul paternel est vieux.

Ce ciel de lit est passé.

Le travail du commis est exact.

Cet œil de soupe est grand.

Le ciel de la carrière est humide.

Le travail du maréchal est solide.

Le travail du ministre est présenté au Roi.

Ce ciel de tableau est naturel.

Cet œil de fromage est petit.

## RÉCAPITULATION SUR LES PLURIELS.

### I.

[Lorsque les phrases seront trop longues pour tenir dans une seule page partagée en deux colonnes, l'élève mettra deux pages en regard.]

Le coucou est ennuyeux et désagréable.

Le journal est partial et injuste.

Le père est doux et indulgent.

Le fils est obéissant et respectueux.

Le local est vaste et spacieux.

Ce palais est beau et riche.

Ce madrigal est fin et spirituel.

Le clou est rond ou carré.

Le ciel est nuageux et orageux.

Le bois est poreux et combustible.

Le procès est long et ruineux.

Mon aïeul est vieux et cassé.
Le tribunal est équitable et impartial.
Ce mot est bas et trivial.
Le chou est lourd et indigeste.

## II.

Le chamois est léger, méfiant et peureux.
Le renard est fin, rusé et sournois.
Le loup est grossier, poltron et infatigable.
L'unau est lent, paresseux et lourd.
Le chien est fidèle, vigilant et courageux.
Le lion est fier, magnanime et généreux.
Le chacal est féroce, ombrageux et impétueux.
Le chat est traître, perfide et soupçonneux.
L'âne est sobre, patient et entêté.
Le cheval est vif, fougueux et impatient.
La brebis est faible, stupide et craintive.
L'éléphant est reconnaissant, docile et intelligent.
Le cerf est svelte, souple et nerveux.
Le chevreuil est gracieux, leste et dispos.
Le blaireau est solitaire, défiant et paresseux.
Le moineau est hardi, incommode et destructeur.
Le pou est laid, hideux et dégoûtant.
Le coucou est carnivore et vorace.
Le sapajou est audacieux, fripon et voleur.

## III.

Le sapin est blanc, élevé et résineux.
Le lapis est bleu, cassant et vitreux.
L'ail est fort, odorant et tonique.
Ce ciel de carrière est humide et malsain.

L'œil est noir, ou bleu, ou gris.

Le travail du secrétaire est long et diffus.

Ce bétail est beau, gras et bien nourri.

Le ciel de ces tapisseries est sombre.

Le travail du maréchal est bon pour les chevaux vicieux.

Le général est libéral, loyal et courageux.

Le velours est chaud, doux et soyeux.

Le trou est creux, large et profond.

Ce détail est long, diffus et fastidieux.

L'adjectif numéral est cardinal ou ordinal.

# CHAPITRE II.

# FORMATION DU FÉMININ DANS LES ADJECTIFS.

RÈGLE GÉNÉRALE. — *On forme le féminin dans les adjectifs en ajoutant un* e *muet au masculin, à moins que le masculin ne soit déjà terminé par un* e *muet.*

[ Les phrases suivantes seront mises au féminin. Exemples :

Cet homme est obligeant... Cette femme est obligeante.

Il est bienfaisant.............. Elle est bienfaisante.

On pourra varier ces exercices en faisant mettre ensuite ces mêmes phrases au pluriel. Exemples :

Ces hommes sont obligeans. Ces femmes sont obligeantes.

Ils sont bienfaisans............. Elles sont bienfaisantes. ]

## I.

Cet homme est obligeant.

Il est bienfaisant.

Il est poli.

Il est honnête.

Il est serviable.

Il est libéral.

Il est loyal.

Il est sensé.

Il est circonspect.

Il est réfléchi.

Il est diligent.

Il est prompt.

Il est adroit.

Il est prudent.

Il est estimable.

## II.

Cet homme est désagréable.

Il est rusé.

Il est dissimulé.

Il est bizarre.

Il est fantasque.

Il est médisant.

Il est inconséquent.

Il est emporté.

Il est vain.

Il est fier.

Il est altier.

Il est arrogant.

Il est violent.

Il est imprudent.

Il est versatile.

Il est méchant.

### III.

Emile est aimable (1).

Il est sensible.

Il est modeste.

Il est docile.

Il est tranquille.

Il est complaisant.

Il est sage.

Il est réservé.

Victor est négligent (2).

Il est susceptible.

Il est indocile.

Il est entêté.

Il est insensible.

Il est brusque.

Il est caustique.

Il est incorrigible.

# EXCEPTIONS A LA RÈGLE GÉNÉRALE.

## DE LA FORMATION DU FÉMININ DANS LES ADJECTIFS.

PREMIÈRE EXCEPTION. — *Les adjectifs en*

---

(1) Émile est aimable, etc.   Émilie est aimable, etc.

(2) Victor est négligent.   Victorine est négligente, etc.

el, eil, ul, ien, on, as, ès, os (1), *et la plupart de ceux qui sont terminés par* et *doublent la dernière consonne en prenant l'e muet.*

*Ajoutez-y* gentil, *féminin* gentille; mou, fou, beau, nouveau, vieux (2), *qui font* molle, folle, belle, nouvelle, vieille; épais, sot, vieillot, *qui font* épaisse, sotte, vieillotte.

(Phrases à dicter.)

**1.**

Cet homme est nul.
Cet enfant est spirituel.
Le traité est formel.
Cette convention est mutuelle.

---

(1) C'est une erreur de poser en principe que les adjectifs terminés par *s* doublent la dernière consonne. Ils se réduisent à cinq ou six : ceux en *ais*, excepté *épais* et *frais*, qui font *épaisse* et *fraîche;* ceux en *ers*, excepté *tiers*, féminin *tierce*; et tous ceux en *is*, en *ois*, en *ors* et en *us*, prennent simplement l'e muet.

(2) *Molle* et *folle* viennent du masculin inusité *fol, mol;* *belle, nouvelle, vieille*, se forment de *bel, nouvel, vieil,* qui sont encore usités devant des noms masculins commençant par une voyelle ou une *h* muette.

1 .

La réunion est solennelle.
Quelle bonne musicienne !
Cette paysanne est gentille.
La faute est originelle.
Votre fille est muette.
La glu est épaisse.
La muraille est mitoyenne.
Le commis est ponctuel.
L'Église est universelle.
Ma résolution est telle.
La place est nette.
Son teint est vermeil.
La lampe est vieille.
Tel maître, tel valet.
Telle mère, telle fille.

II.

L'acte est nul.
L'humanité est sujette à l'erreur.
Cet événement est fort casuel (1).
Sophie est coquette.
Cette maison est la mienne.
Cette vieille dame est aimable.
Cette étoffe est violette.
La prunette est aigrelette.
Cette coutume est ancienne.
Ma promesse est conditionnelle.

---

(1) Remarquez que la signification fondamentale de *casuel* est *fortuit;* remarquez aussi que *accidentel* se prend, mais à tort, comme synonyme de *cassant, fragile.*

Cette femme est vieillotte.

Cette religieuse est professe.

L'oie est grasse.

La loi est expresse.

La procédure est nulle.

L'horizon est visuel ou rationnel.

Cette magicienne est bohémienne.

La nèfle est mollette.

### III.

Sa petite mine est doucette.

Cette personne est folle.

La viande est substantielle.

La nouvelle est réelle.

Votre mère est gasconne.

La rose est belle.

Cette invention est nouvelle.

Sa joue est vermeille.

Elle est sotte.

La poire est molle.

La rente est annuelle.

La clause est formelle.

La loi est expresse.

La baleine est grosse.

La rampe est basse.

Cette haridelle est lasse.

## *Adjectifs qui suivent la règle générale et ne doublent pas le t.*

La chose est secrète.

La belette est replète.

Cette œuvre est incomplète.
La victoire est complète.
La bavarde est indiscrète.
La nouvelle est secrète.
Cette quantité est concrète.
Sa mère est inquiète.
L'année est mauvaise.
Cette quantité est inconcrète.

DEUXIÈME EXCEPTION. — *Les adjectifs terminés par* f *changent* f *en* v.

[ Les Élèves mettront au féminin les adjectifs suivans. ]

| I. | II. |
|---|---|
| Bref. | Sauf. |
| Neuf. | Veuf. |
| Abusif. | Actif. |
| Administratif. | Adoptif. |
| Apéritif. | Attentif. |
| Attractif. | Captif. |
| Chétif. | Consécutif. |
| Comparatif. | Correctif. |
| Constitutif. | Craintif. |
| Corrosif. | Définitif. |
| Décisif. | Distinctif. |
| Destructif. | Excessif. |
| Effectif. | Fictif. |
| Expéditif. | Fugitif. |
| Furtif. | Hâtif. |
| Incisif. | Lascif. |

| | |
|---|---|
| Juif. | Maladif. |
| Lucratif. | Mémoratif. |
| Massif. | Plaintif. |
| Optatif. | Primitif. |
| Positif. | Relatif. |
| Productif. | Successif. |
| Rétif. | Tardif. |
| Tentatif. | Vif. |

TROISIÈME EXCEPTION. — *Les adjectifs
en* eux *font au féminin* euse. Jaloux *fait*
jalouse.

| I. | II. |
|---|---|
| Amoureux. | Ambitieux. |
| Boiteux. | Avantageux. |
| Belliqueux. | Cadavéreux. |
| Coûteux. | Cagneux. |
| Creux. | Capricieux. |
| Curieux. | Courageux. |
| Dangereux. | Défectueux. |
| Dédaigneux. | Dispendieux. |
| Douloureux. | Doucereux. |
| Douteux. | Épineux. |
| Envieux. | Fameux. |
| Fâcheux. | Fiévreux. |
| Généreux. | Gommeux. |
| Heureux. | Haineux. |
| Hideux. | Hasardeux. |
| Impétueux. | Harmonieux. |
| Judicieux. | Infructueux. |

| | |
|---|---|
| Lumineux. | Merveilleux. |
| Miraculeux. | Monstrueux. |
| Nombreux. | Nébuleux. |
| Orageux. | Noueux |
| Orgueilleux. | Ombrageux. |
| Peureux. | Onéreux. |
| Raboteux. | Précieux. |
| Religieux. | Présomptueux. |
| Ruineux. | Respectueux. |
| Ténébreux. | Superstitieux. |
| Vertueux. | Jaloux. |

QUATRIÈME EXCEPTION. — *Les adjectifs* en eur *formés d'un mot en* ant *changent* eur *en* euse *au féminin : cependant* exécuteur, inspecteur, inventeur, persécuteur, *font* trice, *et en outre tous ceux en* teur *qui ne peuvent pas changer* teur *en* tant.

Ambassadeur, enchanteur, pécheur (*qui fait des péchés*), vengeur, *font* ambassadrice, enchanteresse, pécheresse, vengeresse (1).

---

(1) Ces sortes de mots sont mis par l'Académie dans la classe des substantifs. Nous n'avons pas cru devoir y joindre *bailleur* ( de fonds ), *demandeur, défendeur, vendeur,* dont le féminin, en style de pratique, est *bailleresse, demanderesse, défenderesse, venderesse,* mots barbares inutiles aux enfans.

*Les adjectifs en* ieur *et* majeur, mineur,
meilleur, *suivent la règle générale et prennent l'e muet.*

[En écrivant ces adjectifs, l'élève aura soin de mettre
entre le masculin et le féminin le mot en *ant* qui doit lui servir de guide pour la formation du féminin en *euse*. Ex. :

Acheteur — ( *achetant* ) — acheteuse.
Afficheur — ( *affichant* ) — afficheuse. ]

| I. | II. |
|---|---|
| Acheteur (1). | Ambassadeur. |
| Admirateur. | Décrotteur. |
| Afficheur. | Dégraisseur. |
| Allumeur. | Dessinateur. |
| Antérieur. | Dîneur. |
| Apprêteur. | Directeur. |
| Approbateur. | Dissipateur. |

Du reste, il faut observer qu'on se sert de *demandeuse* pour
désigner une femme qui importune par ses demandes, de
*vendeuse* pour désigner celle dont le métier est de vendre.
*Chasseur* fait *chasseresse* en style poétique ; on dit aussi
*chasseuse.*

(1) La plupart des mots en *eur* sont, avec raison, placés
par l'Académie dans les substantifs. Cependant comme ils
sont souvent pris adjectivement, et que leur classification
n'influe pas sur la formation du féminin, nous avons cru devoir les admettre indifféremment dans cette liste.

| | |
|---|---|
| Assembleur. | Donateur. |
| Balayeur. | Doreur. |
| Barbouilleur. | Emprunteur. |
| Blanchisseur. | Enchanteur. |
| Brasseur. | Exécuteur. |
| Calomniateur. | Extérieur. |
| Chanteur. | Flatteur. |
| Chicanneur. | Fondateur. |
| Citérieur. | Glaneur. |
| Confesseur. | Graveur. |
| Conservateur. | Inférieur. |
| Conteur. | Jaseur. |
| Créateur. | Inspecteur. |
| Cultivateur. | Intérieur. |
| Danseur. | Inventeur. |
| Joueur. | Postérieur. |
| Libérateur. | Réparateur. |
| Majeur. | Rêveur. |
| Maraudeur. | Rimeur. |
| Meilleur. | Rôdeur. |
| Mineur. | Siffleur. |
| Moteur. | Solliciteur. |
| Nageur. | Sonneur. |
| Observateur. | Souffleur. |
| Ordonnateur. | Supérieur. |
| Parfumeur. | Tanneur. |
| Pécheur. | Traiteur. |
| Penseur. | Tricoteur. |
| Prêteur. | Trompeur. |
| Prieur. | Tuteur. |
| Prôneur | Ultérieur. |
| Protecteur. | Vendangeur. |

| | |
|---|---|
| Quêteur | Vendeur. |
| Radoteur. | Vengeur. |
| Raffineur. | Visiteur. |
| Railleur. | Voleur. |

CINQUIÈME EXCEPTION. — Public, caduc, *font au féminin* publique, caduque ; tiers *fait* tierce ; favori, favorite ; coi, coit *Pour les autres adjectifs irréguliers, con sultez les noms qui en sont formés. (Voi le modèle en note.)* (1)

| | |
|---|---|
| Sec. | Bénin. |
| Franc. | Malin. |
| Blanc. | Frais. |
| Doux. | Roux. |
| Faux. | Préfix. |

REMARQUE. — Châtain, fat, dispos *n'ont pas de féminin.*

---

(1) *Sec* (sécheresse), *sèche*, etc.
*Bénin* (bénignité) *bénigne*, etc. — RÈGLE DE DU MARSAIS.

2

# RÉCAPITULATION

## SUR LES FÉMININS.

[ Les phrases suivantes seront mises au féminin. ]

### I.

Le causeur est ennuyeux (1).
Le flatteur est dangereux.
Le solliciteur est craintif.
L'ambassadeur est orgueilleux.
Le chasseur est actif.
Le blasphémateur est impie.
Le bienfaiteur est généreux.
L'acheteur est soupçonneux.
Le spectateur est ébahi.
Le testateur est décédé.
L'enchanteur est fripon.
L'emprunteur est humble.
Le débiteur est solvable.
Le rêveur est distrait.
L'instituteur est vertueux.
Le menteur est éhonté.
Le donateur est caduc.
Ce juif est malin.

---

(1) Quoique beaucoup d'adjectifs soient pris ici substantivement, cet exercice n'en sera pas moins utile aux élèves, pour leur faire connaître la règle par la pratique.

## II.

Ce Grec est faux.
Ce coiffeur est tout blanc.
Le boudeur est insupportable.
L'époux est jaloux.
L'observateur est attentif.
Le curieux est à craindre.
L'Italien est vindicatif.
L'époux est veuf.
Le captif est enchaîné.
Le fugitif est aperçu.
Le capricieux est fantasque.
Le doucereux est dangereux.
Le haineux est haï.
L'ambitieux est misérable.
Le religieux est doux.
Le superstitieux est faible.
Il est mou et paresseux.
Le vétilleux est tracassier.
L'envieux est détesté.
Le précieux est ridicule.
Ce gueux est effronté.
Le barbouilleur est sale.
Le plaideur est rancunier.

[Phrases à dicter.]

Cette demoiselle est majeure.
Cet enfant est mineur.
Cette tierce est majeure.
Ce mode est majeur.

2..

Moïse est antérieur à tous les écrivains.

La religion juive est antérieure à toutes les autres.

La partie postérieure de la tête est tendre.

Votre droit est postérieur au mien.

L'armée ennemie nous est supérieure en nombre.

L'ennemi est supérieur en forces.

Mon frère est prieur.

Ma sœur est prieure.

La douleur est intérieure.

Le mal est intérieur.

La partie extérieure de cette maison est belle.

Les ornemens intérieurs sont mesquins.

Ce vin est bon : celui-ci est meilleur.

C'est bien la meilleure femme du monde !

La Calabre ultérieure est plus fertile que la Calabre citérieure.

# CHAPITRE III.

—»» ✸✸✸ ««—

## EXERCICES SUR LES VERBES.

[ Avant de passer aux exercices qui suivent, le maître fera fréquemment conjuguer le verbe *être* accompagné d'un adjectif. Il suivra, pour le choix de cet adjectif, l'ordre des règles de la formation du féminin. Il pourra varier ces exercices en faisant conjuguer le verbe *être*, tantôt avec l'adjectif masculin, tantôt avec l'adjectif féminin, tantôt avec l'un et l'autre. C'est ici surtout qu'il importe de multiplier les procédés pratiques, et d'avoir recours tantôt à la conjugaison orale, tantôt à la conjugaison écrite.]

## PREMIÈRE CONJUGAISON.

RÈGLE GÉNÉRALE ET SANS EXCEPTION. — *Le pluriel des verbes se marque par* nt *à la troisième personne ; cette troisième personne plurielle se forme, au présent de l'indicatif, du participe présent, par le changement de l'a en un e muet.*

[ Les phrases suivantes seront mises au pluriel sur la colonne en regard de celle où les élèves auront écrit. Exemple :

| L'agneau bêle. | Les agneaux bêlent. |
| Le chien aboie, etc. | Les chiens aboient, etc. |

Ces dictées ont l'avantage d'exercer les élèves sur le pluriel des vérbes, en rappelant à leur mémoire les règles de la formation du féminin dans les adjectifs et du pluriel dans les noms.

### I.

L'agneau bêle.
Le chien aboie.
Le loup hurle.
Le taureau beugle.
Le cochon grogne.
L'hirondelle gazouille.
Le paon braille.
Le chat miaule.
La colombe roucoule.
L'oiseau vole.
Le poisson nage.
Le reptile rampe.
Le chamois s'élance.
Le genou plie.
Le fanal éclaire.
Le signal se donne.
Le tribunal prononce.
Le filou vole.

### II.

Le gouvernail se brise.
Le vantail se forme.
Le bois brûle.
Le cal gêne.
Le bail se résilie.
L'orgueilleux se loue.
Le religieux prie.
Le curieux écoute.
Le présomptueux ne doute de rien.
Le bétail engraisse.
Le ruisseau coule.
L'abcès crève.
L'ambitieux se tourmente.
L'éventail se monte.
Le bambou plie.
La perdrix se sauve.
Le vaisseau vogue.
Le hibou se cache.

### III.

Cette musicienne joue bien.
Cette vieille radote.
Le péché originel pèse sur nous.
La demoiselle majeure se marie.

Cette magicienne trompe.

L'indiscrète divulgue les secrets.

La religieuse professe s'engage.

Cette figure doucette ne me charme pas.

Cette réunion solennelle impose.

Cette coquette se ruine.

La muraille mitoyenne se répare.

La rente annuelle se paie.

Une tierce personne vous gêne.

La fièvre tierce cesse.

# SECONDE CONJUGAISON.

RÈGLE. — *Les verbes de la seconde conjugaison ont la troisième personne du singulier du présent de l'indicatif terminée par t, excepté saillir, ouvrir, cueillir et leurs dérivés.*

VERBES QUI ONT *iss-ant* AU PARTICIPE PRÉSENT.

|  I. | II. |
|---|---|
| La dépense appauvrit, | Le lion rugit. |
| L'épargne enrichit. | Le bœuf mugit. |
| Le malheureux gémit. | Le renard glapit. |
| L'élève obéit. | La pêche mûrit. |
| L'arsenal se munit. | Le pruneau rafraîchit. |
| La toile se raccourcit. | La rose s'épanouit. |
| La cerise rougit. | Le sapajou s'accroupit. |

Le vœu s'accomplit.
Le mal se guérit.
Le succès réjouit.
Le ciel s'éclaircit.
L'enfant grandit.
Le cor retentit.
Le mal aboutit.
Le malade s'affaiblit.
Le soldat s'aguerrit.
La cloche avertit.
Le provincial se dégourdit.
Le tonneau s'emplit.

Le miroir se ternit.
Le palais se bâtit.
Le cheval hennit.
Le blé jaunit.
La chair se raffermit.
Le vieillard rajeunit.
L'eau rejaillit.
Le trou s'agrandit.
Mon aïeul vieillit.
Le pré verdit.
Le canal s'élargit.
Le diamant se polit.

## VERBES QUI N'ONT PAS *iss-ant* AU PARTICIPE PRÉSENT.

Le cheval court.
L'esclave sert.
La marmotte dort.
Le calomniateur ment.
L'homme se vêt.
Le malade se meurt.

L'œillet sent bon.
Il bout d'impatience.
Le pavot endort.
Le loup sort du bois.
L'arbre se revêt de feuilles.
L'homme sans foi se dément.

## VERBES QUI N'ONT PAS DE *t* A LA TROISIÈM PERSONNE DU SING. DU PRÉS. DE L'INDIC.

Le vantail s'ouvre.
Le secret se découvre.
Le cadeau s'offre.

Le fruit se cueille.
La graine se recueille.
Le nerf tressaille.

# TROISIÈME CONJUGAISON.

*Les verbes de la troisième conjugaison ont tous un* t *à la troisième personne du singulier du présent de l'indicatif. Excepté* avoir, a; seoir, sied; asseoir, assied.

*Les verbes en* evoir *changent l'e qui précède la terminaison en* oi : recevant, reçoivent; *les verbes en* ouvoir *changent l'o en* e : mouvant, meuvent; seoir *fait* siéent.

[On fera observer aux élèves que les verbes qui ont un *y* au participe présent peuvent changer cet *y* en *i*: *voyant, voient.*]

L'œil du maître aperçoit tout.
Le musulman s'assied par terre.
Cette idiote ne conçoit rien.
Ce marchand doit plus qu'il n'a.
Ma parole équivaut à un écrit.
L'intendant perçoit les revenus.
Ce noble se prévaut de sa naissance.
Le lauréat reçoit des éloges.
Le soldat revoit ses foyers.
L'inconvénient se prévoit.
La cour surseoit à la délibération.
Cet ouvrage vaut son prix.
Le vaisseau se meut.
Le ministre peut tout ce qu'il veut.

Le stoïcien ne s'émeut de rien.
Ce vieillard déchoit.

# QUATRIÈME CONJUGAISON.

*Les verbes en* dre *ont un* d *à la troisième personne du singulier du présent de l'indicatif. Excepté* résoudre, dissoudre *et les verbes en* indre, *qui prennent un* t *avec les autres verbes de la quatrième conjugaison.* Vaincre *et* convaincre *prennent seuls un* c.

## I.

L'arc se tend.
Le bucheron fend.
L'eau se répand.
Le chevalier pourfend.
Le rat mord.
Le solliciteur attend.
Le joueur perd.
Le bourreau pend.
L'avocat répond.
La brebis se tond.
La revendeuse revend.
Il se confond en excuses.
Le ressort se détend.

## II.

Le seau descend.
L'oreille entend.
Le vendeur vend.
L'assiégé se défend.
La corde se tord.
La glace se fond.
La poule pond.
La ville se rend.
Le froid morfond.
L'ouvrage se refond.
L'opération se suspend.
La soie se détord.
Le ballon redescend.

## VERBES EN *oudre* QUI ONT UN *d.*

La couturière coud.     Le meunier moud.

## VERBES EN *oudre* QUI ONT UN *t.*

Le sel se dissout.     Le tribunal ne résout rien.

## VERBES EN *cre.*

Le soldat vainc.     Ce discours me convainc.

### VERBES EN *indre.*

Le fanal s'éteint.
Le superstitieux craint.
L'étoffe se déteint.
L'épée se ceint.
L'hypocrite feint.
Le peuple se plaint.
La planche se déjoint.
Le traître se contraint.
Le chrême oint.
La flèche atteint.
Le peintre peint.
Le teinturier teint.
Le pauvre se restreint.

### VERB. EN *dre, ttre, vre.*

Le chien suit.
Le chasseur poursuit.
L'erreur s'ensuit.
Le barreau se rompt.
La chair se corrompt.
L'artère bat.
Le guerrier combat.
La cause se débat.
Le vaincu se soumet.
Le bras se démet.
L'affairé met la main à tout.
L'imprudent se compromet.
Le perturbateur interrompt.

### VERBES EN *aire* ET EN *oire.*

Le coupable se tait.

### VERBES EN *aître* ET *oître.*

L'ombre croît.

L'âne brait (au plur. comme s'il avait le part. prés. *brayant*.)

Le jeu distrait.

Le filou soustrait.

Le fâcheux me déplait.

Ce lieu me plait.

La vache se trait.

L'ivrogne boit.

Le chrétien croit.

Le phénix renaît.

Le superbe se méconnaît.

Le prévenu comparaît.

Le spectre apparaît.

Le sage se connaît.

Le météore disparaît.

La brebis paît.

## VERBES EN *ire, ore, ure*.

L'homme rit.

Le rapporteur conclut.

Le citron se confit.

Le prophète prédit.

L'envieux médit.

L'auteur écrit.

Le ver luisant luit.

L'écolier studieux lit.

Le dictateur proscrit.

L'historien décrit.

Le sage se suffit.

Le trompeur se dédit.

La terre produit.

Le pain cuit.

Le précepteur instruit.

Le guide conduit.

L'interprète traduit.

L'œuf éclot.

## VERBES DONT LA TROISIÈME PERSONNE PLURIELLE DU PRÉSENT DE L'INDICATIF NE SE FORME PAS RÉGULIÈREMENT DU PARTICIPE PRÉSENT.

La montre va bien.

L'animal meurt.

L'acquéreur acquiert.

Ce palais m'appartient.

Ce bijou me convient.

L'avare n'a rien.

L'ivrogne boit.

Le singe contrefait.

Le précieux se fait moquer.

Le disciple apprend.

L'homme modéré se contient. Le philosophe sait bien des choses.

Le larron survient.              Le marchand surfait.

Le chrétien s'abstient de jurer. Le convalescent se refait.

Ce manteau me sied bien.       Le moineau se prend.

# RÉCAPITULATION.

## I.

Ce discours plait, touche et convainc.

L'homme naît, vit et meurt.

Le singe imite et contrefait.

Le bail s'accomplit, se renouvelle ou se résilie.

L'exercice refait et affermit la santé.

Le pécheur se repent, se convertit et se corrige.

La plante se fane et se dessèche.

L'arbre croît, végète et pourrit.

Le roseau plie et ne rompt pas.

Le fruit mûrit, se cueille et se conserve.

La peau se prépare, se tanne et se durcit.

Le boulanger pétrit et cuit.

L'empressé va, vient et revient.

Le feu follet paraît et disparaît tour-à-tour.

L'espion sait, voit, entend tout.

Le maître enseigne, instruit et commande.

Le disciple apprend, comprend et obéit.

L'ouvrage s'imprime et se vend.

Le chrétien croit, se soumet et s'abstient de péché.

L'arithméticien additionne, soustrait, multiplie, divise.

La toux se calme, s'adoucit et s'en va.

Le fourbe promet, se dédit et trompe.

Le sage prévoit et prévient le mal.

L'abcès aboutit et guérit.

Le furieux frémit, menace et maudit.

Le pavot engourdit, endort et tue.

Le courtisan flatte, ment et s'avilit.

Le soldat combat, vainc ou meurt.

Le joueur risque, perd et se désespère.

## II.

L'arc se tend et se détend.

Le fil se tord et se détord.

Le procès appauvrit et ruine.

Le bétail paît, se nourrit et s'engraisse.

Le local se nettoie, s'approprie et s'embellit.

L'avare manque de ce qu'il a et de ce qu'il n'a pas.

Mon aïeul languit, se casse et vieillit.

Le jeu plaît, amuse et distrait.

L'animal croît, vit et se meut.

Le végétal croît et vit; le minéral croît.

Le fanal s'allume et s'éteint.

Le ministre peut et veut le bien.

Le riche se glorifie, s'enorgueillit et se prévaut de ses richesses.

Ce manteau me sied et me convient.

L'emprunteur emprunte, doit et paie.

Le hâbleur promet beaucoup et tient peu.

REMARQUE. —Choir et échoir, *de la troisième conjugaison;* frire, bruire, clore, *de la quatrième, sont défectueux, et ne s'emploient pas à la troisième personne du pluriel du présent de l'indicatif.* Choir et

bruire *ne sont pas même usités au singulier.*

SUR LES PERSONNES, LES TEMPS ET LES MODES

DES VERBES.

[ Les phrases suivantes sont toutes à la première personne
du singulier du présent de l'indicatif. Le maître les fera traduire tantôt à un temps, tantôt à un autre; tantôt à la seconde personne, tantôt à la troisième. Soient, par exemple ,
ces phrases:

J'aime le travail.
J'obéis à Dieu.

Si le maître veut exercer les élèves sur la première personne du passé défini, ceux-ci diront ou écriront :

J'aime le travail.     Nous aimâmes le travail.
J'obéis à Dieu.        Nous obéîmes à Dieu.

S'il veut les exercer sur la deuxième personne du singulier
du futur, ils diront ou écriront :

J'aime le travail.     Tu aimeras le travail.
J'obéis à Dieu.        Tu obéiras à Dieu.

Et ainsi de suite pour les autres temps. Au lieu de répéter
constamment la première personne du singulier du présent
de l'indicatif, on peut opérer d'abord la traduction sur la
personne et sur le temps correspondant à la personne et au
temps qui font le sujet de l'exercice. Il en résulte une double
traduction, c'est-à-dire, un double avantage.]

I.

J'aime le travail.
J'obéis à Dieu.
Je prête serment.

Je respecte les vieillards.
Je comprends l'explication.
Je prévois des malheurs.
Je sors du jardin.
Je viens de Paris.
Je cueille des fruits.
Je vais à la ville.
Je traduis un auteur.
Je conviens du fait.
Je me plais à la campagne.
Je sers le pays.
Je fais une bonne action.
J'atteins mon but.
Je renais à la vie.
Je cours dans la plaine.
Je me revêts de mon manteau.
Je souffre bien des maux.
Je pense à vous.
Je m'assieds par terre.
Je plains les malheureux.
Je sais la nouvelle.

## II.

Je prends le parti le plus sage.
Je connais des enfans obéissans.
Je réponds à mes calomniateurs.
Je bâtis une belle maison.
Je hais les hommes orgueilleux.
Je me repens de mes fautes.
Je me soumets à la Providence.
Je me distrais des affaires sérieuses.
Je m'abstiens de viande substantielle.

Je suis l'ancienne coutume.
J'achète de faux bijoux.
Je creuse des trous profonds.
Je trouve les raisins trop verts.
Je poursuis une entreprise folle.
Je rends à Dieu ce qui est à Dieu.
Je peux lui rendre service.
Je prédis d'affreux malheurs.
Je m'élance sur l'ennemi.
Je bois et mange bien.
Je reçois des reproches injustes.

### III.

J'envoie une lettre pressée.
Je me corrige de mes défauts.
Je tiens à la parole donnée.
J'allume les fanaux.
Je me ruine en procès.
Je vis dans l'espérance.
Je tressaille de joie.
Je me plains de leurs procédés.
Je contredis ce qu'il avance.
Je tais ce qu'il faut taire.
Je maudis les importuns.
Je dis ce qu'il faut dire.
Je suspends les travaux.
Je me prévaux de mes avantages.
Je devine ses mauvaises intentions.
Je me nourris de légumes.
Je descends à la cave.
Je me défends courageusement.

2...

Je bous d'impatience.
J'acquiers des richesses.
Je me ris de leurs menaces.

# VERBES A REMARQUER.

## VERBES EN *ger*.

*Dans les verbes en* ger, *le* g, *pour con-
server le son du* j, *doit être suivi d'un e
muet devant l'*a *et l'*o.

[ On mettra ces phrases à la première personne plurielle ;
on pourra ensuite les mettre à la seconde personne. ]

Je mange, je mangeais, je mangeai.
Je partage, je partageais, je partageai mes biens.
Je change, je changeais, je changeai d'avis.
Je dégage, je dégageais, je dégageai ma parole.
Je dérange, je dérangeais, je dérangeai ma bibliothèque.
J'arrange, j'arrangeais, j'arrangeai les affaires.
J'égorge, j'égorgeais, j'égorgeai l'assassin.
Je déménage, je déménageais, je déménageai les meubles.
Je m'emménage, je m'emménageais, je m'emménageai.
Je protége, je protégeais, je protégeai l'innocence.
J'oblige, j'obligeais, j'obligeai mes amis.
Je transige, je transigeais, je transigeai par nécessité.
Je nage, je nageais, je nageai dans l'opulence.
J'encourage, j'encourageais, j'encourageai mes élèves.
J'assiége, j'assiégeais, j'assiégeai la ville.
Je venge, je vengeais, je vengeai mon injure.
Je vendange, je vendangeais, je vendangeai mon clos.

Je juge, je jugeais, je jugeai équitablement.
Je gage, je gageais, je gageai ma tête.
Je voyage, je voyageais, je voyageai par plaisir.

## VERBES A DOUBLE CONSONNE.

*Les verbes qui entrent dans l'exercice suivant ont une double consonne à l'infi-nitif présent, et dans tout le cours de la conjugaison.*

Le marchand s'endette.
Le chat guette la souris.
Le pain s'émiette.

L'affaire se balotte.
Le soulier se décrotte.
L'enfant s'emmaillotte.
Le bois flotte.
L'athlète se frotte.

Le courtisan flatte.
L'âne se gratte.

L'artiste excelle.
Le juge interpelle.
L'Allemand querelle.

*Joignez-y* fouetter, marmotter, grelotter, garrotter, étrenner, *et quelques autres.*

## VERBES EN *eler*, *eter*.

*Les verbes en* eler, appeler, niveler, renouveler, épeler, étinceler, grommeler, harceler, *et les verbes en* eter, *comme* béqueter, craqueter, claqueter, jeter, *et leurs dérivés, doublent* l *et* t *devant l'*e *muet.*

[ Ces phrases seront mises au pluriel. Les élèves auront soin ensuite de les traduire au futur et de les entremêler avec les temps qui n'admettent pas le redoublement de la consonne. ]

Le niveleur nivelle.

Le crieur appelle.

L'enfant épelle.

Le bail se renouvelle.

L'escarboucle étincelle.

La vieille grommelle.

Le caillou se jette.

Ce changement se projette.

L'avis se rejette.

L'appel s'interjette.

Le moineau béquette.

La cigogne craquette.

## VERBES QUI NE DOUBLENT PAS LA CONSONNE.

La neige s'amoncèle.

Le nez se gèle.

Le captif se rachète.

Le voleur furète.

Le foin se bottèle.

Le bœuf chancèle.

L'aigle trompète.

L'ennemi nous harcèle.
Le filou crochète.
L'écuelle se bossèle.
Le magicien ensorcèle.

*Il faut joindre aux précédens, les verbes qui ont un é fermé à l'infinitif présent.*

La mère s'inquiète.
Le régiment se complète.
Le traducteur interprète.
La plante végète.
Le conteur se répète.

VERBES QUI ONT *iant* OU *yant* AU PARTICIPE
PRÉSENT.

*Les verbes qui ont* iant *au participe présent prennent deux* i *à la première et à la seconde personne plurielle de l'imparfait de l'indicatif et au présent du subjonctif.*

*Ceux qui ont* yant *doivent prendre aux mêmes temps un* i *après l'y. Excepté* ayant, ayons.

[ Ces phrases seront mises au pluriel, ensuite à la seconde personne.]

I.

Je payais mon écot.
J'étayais le mur.

Je l'appuyais de mon crédit.

Je m'associais à tes malheurs.

Je priais Dieu.

Je suppliais vainement mes bourreaux.

Je liais des fagots.

Je sciais les barreaux.

Je niais la vérité.

Je me désennuyais eu lisant.

Je me réconciliais avec la religion.

Je me confiais à la Providence.

Je m'humiliais devant Dieu.

Je l'initiais aux mystères de la science.

## II.

Je nettoyais tandis que tu balayais.

Je broyais les couleurs, tandis que tu les délayais.

Je renvoyais mon domestique au moment où tu m'envoyais ta lettre.

Je m'ennuyais pendant que tu voyageais.

J'essuyais les pleurs que tu faisais couler.

Je bégayais et tu balbutiais.

Tu me calomniais, quand je te justifiais.

Je défiais la fortune, quand tu ployais sous le malheur.

J'étudiais pendant que tu jouais.

Tu fuyais au moment où j'engageais le combat.

Je riais pendant que tu pleurais.

Je voyais mes enfans et j'oubliais mes chagrins.

Je m'asseyais comme tu te levais.

Je prévoyais ces malheurs, mais je pourvoyais à tout.

J'essayais de me défendre, tandis que tu t'enfuyais.

Je revoyais la France au moment où tu t'expatriais.

Je croyais que tu te noyais.

### III.

Il faut que je paie mon écot.

Il est juste que je prie Dieu.

Il est bon que je me réconcilie avec mon ennemi.

Il convient que je renvoie un mauvais serviteur.

Il veut que je l'appuie de mon crédit.

Il désire que je le voie.

Pense-t-il que je croie tout ce qu'on me dit ?

Espère-t-il que j'oublie cette injure ?

Est-il possible que je pourvoie à tous vos besoins ?

Croit-il que je voie avec indifférence mes enfans malheureux ?

Suppose-t-il que je m'enfuie comme un lâche ?

On exige que j'étudie.

On demande que je vous justifie de ce crime.

# SYNTAXE D'ACCORD.

---

La Syntaxe d'accord règle l'emploi des terminaisons des mots d'après leurs rapports de genre, de nombre, de personnes.

## CHAPITRE PREMIER.

### ACCORD DE L'ADJECTIF AVEC LE NOM.

RÈGLE. — 1°. *L'adjectif s'accorde avec le nom ou le pronom auquel il se rapporte, en genre et en nombre.*

2°. *Quand il se rapporte à plusieurs noms ou pronoms, il se met au pluriel* (1).

3°. *Quand les noms ou pronoms sont de différens genres, il prend le genre le plus noble. (Si l'adjectif a une terminaison pour chaque genre, on mettra le nom masculin le dernier.)*

### ACCORD DU VERBE AVEC SON SUJET.

RÈGLE. — 1°. *Le verbe s'accorde avec son sujet en nombre et en personne.*

---

(1) EXCEPTION. Si les noms ont à-peu-près le même sens et qu'ils se suivent sans conjonction, ou s'il y a entre eux la conjonction *ou*, l'adjectif s'accorde avec le dernier nom seulement.

3

2⁰. *Quand il a plusieurs sujets, il se met au plu-*
*riel* (1).

3⁰. *Quand les sujets sont de différentes personnes,*
*il se met à la plus noble personne. (La personne qui*
*parle se nomme toujours la dernière.)*

( Les exercices suivans pourront servir de recueil de dictées pour le maître ou de cacographie pour les élèves. )

### I.

Le frère est chéri.
Le frère et la sœur sont chéri.
Le prince est généreux.
Le roi et le prince sont généreux.
Le pupitre est noir.
La table et le pupitre sont noir.
La colère est odieuse.
La colère et l'orgueil sont odieux.

---

(1) Si les sujets sont synonymes et qu'ils se suivent sans
conjonctions, ou s'il y a entre eux la conjonction *ou* qui
exclue l'un des sujets, le verbe s'accorde avec le dernier
seulement.

Avec deux pronoms de différentes personnes unis même par
*ou*, le verbe se met toujours au pluriel.

Le paysan est laborieux.

Le paysan et la paysanne sont laborieux.

La robe est blanche.

La robe et le voile sont blanc.

La trompette est retentissante.

La trompette et le clairon sont retentissant.

Le tigre est cruel.

Le tigre et la hiène sont cruel.

Cette coutume est ancienne.

Cette loi et cette coutume sont ancien.

## II.

La France est fertile.

La France et l'Italie sont fertile.

Le pain est nécessaire.

Le pain et le vin sont nécessaire.

Le pin est résineux.

Le pin et le sapin sont résineux.

Le teint est vermeil.

Le teint et la jóue sont vermeil.

L'acte est nul.

La procédure et l'acte sont nul.

L'or est précieux.

L'or et l'argent sont précieux.

L'instituteur est vertueux.

L'instituteur et l'institutrice sont vertueux.

L'oie est grasse.

L'oie et la poularde sont gras.

La nèfle est molle.

La nèfle et la poire sont molle.

La loi est expresse.

La loi et la coutume sont expresse.

3..

## IV.

Le crapaud est hideux.

Le crapaud et la chauve-souris sont hideux.

La grenade est acide.

Le citron et la grenade sont acide.

La carafe est cassante.

La carafe et le bocal sont cassant.

La morue est fraîche.

La morue et la raie sont fraîche.

La caille est délicate.

Le faisan et la caille sont délicat.

Le dromadaire est bossu.

Le chameau et le dromadaire sont bossu.

L'opale est recherchée.

Le rubis et l'opale sont recherché.

La frangipane est sucrée.

La frangipane et le gâteau sont sucré.

Le bras est nerveux.

Le bras et la main sont nerveux.

## V.

L'ivresse abrutit l'homme (1).

L'ivresse et la mollesse abrutit l'homme.

---

(1) Nous revenons ici sur les troisièmes personnes plurielles des verbes. En outre, nous passons en revue les principales terminaisons de la langue française, ainsi que nous l'avons fait à l'accord de l'adjectif avec le nom.

La bavarde m'ennuie.

La bavarde et l'indiscrète m'ennuie.

La panthère fond sur sa proie.

La panthère et le léopard fond sur leur proie.

La vipère se revêt d'une nouvelle peau.

La couleuvre et la vipère se revêt d'une nouvelle peau.

L'incendiaire se trahit.

L'incendiaire et le faussaire se trahit.

Cette thèse se soutient.

Cette proposition et cette thèse se soutient.

Le moraliste discourt.

Le moraliste et le métaphysicien discourt.

L'astrologie ment.

L'astrologie et la nécromancie ment.

L'artifice se comprend.

L'artifice et la fourberie se comprend.


## VI.


Le narcisse ne sent rien.

La tulipe et le narcisse ne sent rien.

La grenade se cueille.

La grenade et la muscade se cueille.

L'hermine se nourrit de rats.

L'hermine et la zibeline se nourrit de rats.

L'aspic pique.

L'aspic et la sangsue pique.

La souris mord.

Le rat et la souris mord.

La jonquille fleurit.

La violette et la jonquille fleurit.

Sa bêtise me confond.

Sa simplicité et sa bêtise me confond.

La pomme mûrit.

La pomme et la poire mûrit.

La tomate devient rouge.

La cerise et la tomate devient rouge.

La lecture distrait.

La lecture et le jeu distrait.

### VII.

La gazelle, le rat, le corbeau, la tortue vivait ensemble uni.

La paix et le bonheur habite dans les chaumières.

La ruse et la finesse conduise naturellement au mensonge et à la duplicité.

Athènes et Lacédémone se disputait la prééminence sur toutes les autres villes de la Grèce.

Briarée et Encelade lançait contre Jupiter des rochers entiers.

La colère et l'imprudence a perdu bien des gens.

Le dieu Pan et la déesse Palès était les principales divinités terrestres.

Les kamichis sont des oiseaux qui ont les mœurs douces. Le mâle et la femelle reste uni jusqu'à la mort.

Le lion, la brebis, l'âne et le renard fit un jour société.

REMARQUE. — Vous, *quand on parle à une seule personne, veut le verbe au pluriel et l'adjectif qui suit au singulier.*

Mon cher enfant, soyez obéissant avec vos supérieurs; soyez modeste devant vos condisciples; soyez attentif en classe. Si vous vous montrez docile et obéissant avec vos maîtres, si vous n'êtes point fier et arrogant avec vos condisciples, et qu'au contraire vous vous montriez doux, modeste et complaisant à leur égard, vous serez aimé, estimé et recherché de tout le collége. Si vous êtes attentif pendant les leçons qui vous sont données, vous serez dans la suite apte aux travaux de l'esprit, vous deviendrez un élève distingué, vous serez, à la fin de l'année, couronné des palmes dues au travail, et, dans la suite, honoré de l'estime de vos concitoyens, vous serez appelé aux places éminentes que la justice dispense au mérite.

# CHAPITRE II.

## EXERCICES

*SUR CERTAINES RÈGLES PARTICULIÈRES DE LA SYNTAXE D'ACCORD, QUI OFFRENT QUELQUES DIFFICULTÉS DANS LEUR APPLICATION.*

*Accord de l'adjectif avec* PERSONNE, QUELQUE CHOSE *et* GENS.

RÈGLES. — Personne *précédé d'un ar-*

*ticle. est féminin ; mais quand* personne. *n'est pas précédé d'un article , il est masculin.*

Quelque chose *est du masculin quand il n'est pas pour* quelle que soit la chose.

*Le mot gens veut l'adjectif qui le suit au masculin , et l'adjectif qui le précède au féminin. Cependant* tout *fait exception et se met au masculin lorsqu'il précède immédiatement le mot* gens *, ou lorsqu'il y a entre les deux un adjectif de tout genre.*

Votre ami a fait quelque chose qui mérite d'être rapporté.

Personne n'est estimé dans le monde sans la probité.

Les gens dissimulés peuvent d'abord fasciner les yeux ; mais bientôt ils se laissent pénétrer et sont méprisés ; au contraire, toutes les honnêtes. gens gagnent à être connus ; plus ils sont vus de près, plus ils sont appréciés.

La vengeance a quelque chose de doux aux yeux de certaines personnes; mais elle a quelque chose de bas aux yeux des âmes véritablement grandes et héroïques.

Tels gens , selon la pensée d'Ovide, courtisent le riche, qui l'abandonnent au premier revers de fortune.

Tous les gens qui habitent les hautes montagnes sont vigoureux et actifs ; au contraire, les gens qui respirent un air épais sont lourds et sans énergie. Cependant quels personnes ignorent que Pélopidas et Épaminondas, Pindare et Plutarque ont pris naissance dans les vallées marécageuses de la Béotie ?

## NU *et* DEMI.

**RÈGLE.** — Nu *et* demi *placés devant le nom ne changent pas. Après le nom*, nu *s'accorde en genre et en nombre*, *et* demi *en genre seulement.*

Les anciens Égyptiens allaient tête nu.
Les petits Savoyards marchent ordinairement nu-pieds.
Henri IV fut assassiné à trois heures et demi du soir.
Les Écossais sont habitués à aller nu-jambes.
Les demi-mesures sont funestes.
La demi-aune vaut vingt-deux pouces.
Il faut s'accoutumer à aller nu-tête.
La pendule marque cinq heures et demi.
La demi-heure vaut trente secondes.
La girafe a treize pieds et demi.
J'ai midi et demi à ma montre.
Mon frère et mon ami ont été trouvés demi-morts.
On voit des sauvages aller nu-pieds , nu-jambes et
  tête nu.
Le peintre a représenté Caïn la poitrine et les bras nu.
La mi-carême tombe le troisième jeudi du carême.
Les centaures étaient demi-hommes et demi-chevaux.
Il n'y a de l'eau qu'à mi-jambe.

## TOUT.

**RÈGLE.** —Tout, *pris pour l'adverbe en-*tièrement *ou pour* quelque, *ne change que* *lorsqu'il est suivi d'un adjectif féminin commençant par une consonne ou un h aspiré.*

## I.

Tout parfaits que sont les sages, ils ont encore bien des défauts.

Tout admirables, tout étonnantes, tout nombreuses qu'étaient les qualités militaires de Charles XII, on ne peut s'empêcher de blâmer sa témérité.

Tout héroïque que fut Jeanne d'Arc, tout courageuse qu'elle fut, tout attachée qu'elle se montra à Charles VII, ce prince ne songea pas à venger sa mort.

Tout grande qu'était la vaillance des Romains, elle était moins bouillante que celle des Gaulois, qui se faisaient gloire de combattre demi-nu.

Tout fière, tout altière qu'était Élisabeth d'Angleterre, elle était tout autre avec les simples particuliers.

Tout affreuses, tout horribles, tout révoltantes que furent les cruautés de Tibère, elles n'égalèrent pas celles de Néron.

## II.

Tout injurieuses, tout offensantes que sont vos paroles, je n'y fais aucune attention.

Tout estimables que sont les qualités du corps, elles sont au-dessous de celles du cœur.

Votre jument est arrivée tout haletante, tout en sueur.

Tout vertueuses, tout estimables qu'étaient les femmes de Lacédémone, on doit leur reprocher de l'affectation et une certaine rudesse.

Tout belle, tout aimable qu'est la vérité, loin de se présenter tout nue, elle est souvent obligée de se montrer à demi-voilée.

Les négresses aiment à porter des robes tout blanches.

Tout menteuses que sont les fables grecques, elles ont un grand charme.

Jeanne d'Arc était tout brûlante d'amour pour la patrie.

Tout hasardeuses que sont les fatigues de la guerre, combien d'hommes les supportent volontairement !

Tout grandes, tout peuplées que sont nos villes, elles le sont moins que celles de la Chine.

## QUELQUE.

RÈGLE. — Quelque *s'accorde devant un nom ; il est adverbe devant un adjectif et invariable* (1).

Quelque grands que fussent les généraux et les magistrats athéniens, tout intègres, tout habiles qu'ils étaient, l'exil était souvent leur récompense.

Quelque savans, quelque éclairés, quelque curieux qu'ils soient d'apprendre, ils ignorent cependant bien des choses.

Quelque cruels que soient les tigres, ils ne s'entr'égorgent pas.

Quelque puissans que soient les éléphans, il y a, dit-on, en Amérique, des animaux plus forts qu'eux.

---

(1) On fait varier *quelque* si l'adjectif est immédiatement suivi du nom. Ex. : *Quelques rares vertus que vous ayez.*

Quelque trésors que nous possédions, nos désirs ne sont jamais satisfaits.

Quelque puissans, quelque élevés que soient les rois, ils sont ce que nous sommes.

Quelque charmes que je trouve dans votre société, tout spirituelle, tout aimable que vous êtes, je me vois obligé de vous quitter.

Quelque victoires qu'ait remportées Alexandre, quelque lauriers qu'il ait cueillis, quelque nations qu'il ait soumises, je le regarde, ainsi que tous les conquérans, comme un des fléaux du genre humain.

REMARQUE. — *Ne confondez pas l'adjectif* quelque *avec l'adjectif* quel, quelle, *suivi de la conjonction* que. *L'expression* quel, quelle que, *se trouve toujours placée devant un verbe, et* quel *s'accorde avec le nom qui suit.*

Quelque soit votre misère, quelque soit vos chagrins, supportez-les avec résignation.

Quelque soient vos talens, quelque soient vos richesses, quelle que soit votre considération dans le monde, gardez-vous de vous glorifier de ces avantages.

Quelle que soit la bonté de Dieu, quelle que soit sa clémence, quelque sentimens d'amour qu'il ait pour les hommes, craignons d'abuser de sa miséricorde.

Quelque fût la force du lion, il se laissa vaincre par une mouche.

De quelque vertus que fût doué Vespasien, quelque fût

la tendresse du peuple à son égard, Titus son fils fut plus vertueux et plus populaire encore.

Quel que services que vous rendiez à un ingrat, quelque soient vos bontés à son égard, c'est un serpent que vous réchauffez dans votre sein.

## MÊME.

RÈGLE. — Même *est adjectif et variable avant les noms, ou placé après un seul nom ou pronom ; mais il est adverbe et invariable après deux ou plusieurs noms et après les verbes.*

Quelque soit la finesse des trompeurs, quelque ruses qu'ils déploient, ils s'enlacent dans leurs filets même.

Les hommes, les monumens et les villes même sont frappés par la faulx du temps.

Les déserts, les ruines même ont des charmes.

Les rois même sont sujets à la mort.

Tout passe : les plaisirs, les douleurs même s'envolent sur les ailes du temps.

Les rois même venaient tout exprès à Babylone pour visiter cette ville magnifique.

Les animaux, les plantes, les légumes même étaient adorés en Égypte.

Brutus ne se laissa ébranler ni par les larmes de ses fils, ni par les vœux du peuple, ni par les prières même des sénateurs.

Les menaces, les supplices, les tortures même n'abattirent jamais la fermeté d'Éléazar.

· Les promesses, les présens même de Pyrrhus ne purent corrompre Fabricius.

# ADJECTIFS NUMÉRAUX.

## CENT *et* VINGT.

RÈGLE. — *Les adjectifs de nombre cardinaux sont invariables ; mais* cent *précédé d'un autre adjectif de nombre et* vingt *précédé de* quatre *prennent un* s *, s'ils sont suivis du nom auquel ils se rapportent.*

### I.

Du lac Sodôme à Damas on compte quatre-vingt lieues.

On ne peut citer un roi de France qui ait vécu quatre-vingt ans.

En Norwège, un homme de quatre-vingt ans ou même de cent ans ne passe pas pour être hors d'état de travailler.

On admire à Strasbourg la tour de la cathédrale à laquelle on travailla cent soixante-deux ans, et qui a cinq cent soixante-quatorze pieds de haut. On y monte par un escalier qui a six cent trente-cinq marches. Le pont de bois entre cette ville et Kebll a près de six cent pieds de long.

Le puits de Joseph en Égypte a cent quatre-vingt pieds de profondeur.

Rome est à trois cent vingt-sept lieues de Paris, à quatre cent vingt-trois lieues de Londres, à cinq cent quinze de Stockho'm, à six cent de Madrid.

## II.

Charlemagne fut sacré empereur l'an huit cent. Il mourut en huit cent quatorze.

En six cent soixante-quatre, le verre fut inventé en Angleterre par le moine Bénalt.

Jacob vécut cent quarante-sept ans ; Joseph, cent dix ans.

Les chiffres arabes furent apportés en France par les Sarrasins, en neuf cent quatre-vingt-onze.

Clovis fut baptisé en quatre cent quatre-vingt-seize, et mourut en cinq cent onze.

L'an quatre cent, les cloches furent inventées par l'évêque Paulin.

Le gouffre de Maëlstrom, dans les mers de Norwège, a, dit-on, quatre cent toises de profondeur ; mais ceux qui le disent l'ont-il mesuré ?

La boussole fut connue en France vers l'an douze cent ; le thermomètre, en seize cent.

Moscou est à six cent lieues de Paris.

## MILLE.

### I.

RÈGLE. — *Pour la date des années, on écrit* mil *au lieu de* mille *au commencement d'un nombre.*

Mille *signifiant une étendue de mille pas est un nom qui prend la marque du pluriel.*

L'an mille sept cent vingt-cinq, des libéralités furent faites par l'impératrice de Chine aux pauvres femmes qui passaient soixante-dix ans. Il s'en trouva, dans la seule province de Kanton; quatre-vingt-dix-huit mille cent quatre-vingt-treize qui passaient quatre-vingt ans, et trois mille quatre cent cinquante-trois qui approchaient de cent ans.

L'an quatre mille quatre du monde, Jésus-Christ naquit.

Vers l'an mille on se servit de papier fait avec des lambeaux de coton. En mille cent soixante-dix, on se servit de papier fait avec des chiffons de toile. Vers l'an mille cinq cent quatre-vingt-huit, il s'établit en Angleterre une papeterie de ce genre.

### II.

Le Gange, un des plus beaux fleuves de l'Asie, se jette dans la mer après un cours de plus de quinze cent mille.

En Allemagne on compte par mille : deux mille d'Allemagne équivalent à-peu-près à quatre lieues de France.

Les *Mille et une Nuits* sont des contes très ingénieux et très amusans.

L'an mille quatre cent cinquante-cinq, Constantinople fut prise par les Turcs.

Naukin, ville fameuse de la Chine, a douze cent mille habitans; Pékin n'en a que huit cent mille.

Le royaume Lombardo-Vénitien a treize mille huit cent quatre-vingt mille carrés.

L'an mille cent quinze, trois cantons de la Suisse secouèrent le joug de l'Autriche et fondèrent la liberté de leur pays.

## LE, LA, LES, *pronoms.*

RÈGLE. — *Quand* le, la, les, *pronoms, se*

rapportent à un nom, ils doivent s'accorder; mais ils sont invariables, quand ils ont rapport à un adjectif ou à un verbe.

Madame, êtes-vous la mère de cet enfant? Je le suis.

Mademoiselle, êtes-vous indisposée? Je la suis.

Quand on demandait à Cornélie, mère des Gracques, si elle était riche, elle répondait : Je le suis, et elle montrait ses enfans, qu'elle appelait ses bijoux et ses ornemens.

Germanicus dit à ses soldats mutinés : Êtes-vous les soldats que j'ai conduits à la victoire? Nous le sommes, répondirent-ils. Êtes-vous Romains? ajouta-t-il : Nous le sommes, s'écrièrent-ils. Eh bien! obéissez à votre général, et retournez à vos drapeaux. La révolte cessa tout-à-coup.

Enfans, êtes-vous sages? Nous le sommes. Êtes-vous laborieux? Nous le sommes. Êtes-vous les élèves qui ont remporté les prix? Nous le sommes.

Les mathématiques sont plus difficiles à étudier que je ne l'aurais cru.

Madame Pimbêche disait : Moi, que je sois liée! je ne le serai pas.

## ACCORD DU VERBE AVEC *qui*.

RÈGLE. — *Quand le verbe a pour sujet qui, il prend le nombre et la personne de l'antécédent de ce pronom.*

### I.

C'est moi qui vous a élevé, qui vous a instruit, qui a cherché à former votre cœur et votre esprit.

3...

C'est toi qui t'est montré ingrat envers ton bienfaiteur, qui m'a abreuvé de dégoûts, qui a empoisonné ma vieillesse.

Voici ce que Dieu dit aux Hébreux : C'est moi qui vous a tirés de la terre d'Égypte ; c'est moi qui vous a conduits dans la Terre-Promise. Vous n'adorerez pas d'autre Dieu que moi, car c'est moi qui est le Seigneur votre Dieu.

Je suis le Seigneur qui a fait toutes choses.

C'est moi seul qui a étendu les cieux.

O Dieu ! c'est toi qui dirige les mondes et peuple les abîmes de millions de soleils entassés.

C'est vous, hypocrites, qui prêchent la vertu, et c'est vous qui la pratique le moins.

La nature brute est hideuse et sauvage : c'est moi, dit l'homme, moi seul qui peut la rendre agréable et vivante.

## II.

Lorsque David eut péché, le prophète Nathan vint lui dire de la part de Dieu : C'est moi qui vous a établi roi d'Israël ; c'est moi qui vous a délivré de la fureur de Saül. Pourquoi avez-vous méprisé ma parole ? C'est vous qui a pris la femme d'Urie, vous qui a fait périr ce fidèle serviteur sous les coups des Ammonites. Votre maison va devenir un théâtre de malheurs.

Thémistocle fugitif écrivit à Artaxercès, roi de Perse : C'est moi qui a sauvé ton père ; c'est moi qui lui a donné un avis utile, lorsque les Grecs voulaient lui couper la retraite ; c'est toi aujourd'hui qui doit reconnaître ce service en m'offrant un asile. O toi qui vit dans l'abondance, secours les malheureux, si tu veux qu'ils bénissent ton nom.

## ACCORD DU VERBE AVEC LES COLLECTIFS.

RÈGLE. — *Quand le verbe a pour sujet un collectif général ou un collectif partitif suivi d'un nom au singulier, il s'accorde avec le collectif. Quand il a pour sujet un collectif partitif sans complément ou accompagné d'un complément pluriel, il se met au pluriel.*

### I.

La plupart des écoliers de cette classe est attentif : plusieurs cependant sont indociles et désobéissans.

La plupart des hommes meurt sans le savoir.

Le commun des hommes, surtout ceux de la campagne, voit la mort sans effroi.

Une infinité d'étoiles est invisible.

La multitude des divinités égyptiennes étaient infinie.

La totalité des pays de l'Afrique n'a pas encore été exploré ; une foule de voyageurs modernes a fait cependant des découvertes importantes pour la géographie.

La foule des sénateurs romains parut à Cynéas une assemblée de rois.

Une infinité de philosophes de tous les lieux et de tous les tems a proclamé l'existence d'un être suprême.

### II.

Le plus grand nombre des citoyens d'Athènes a été exilé pour avoir servi la république.

La plupart des confidences est froide et déplacée, à moins qu'elles ne soient nécessaires.

La multitude des canaux qui coupent la Hollande sert à transporter les denrées.

Cette quantité d'eau se trouve encore prodigieusement augmentée par le défaut d'écoulement.

Promenez vos regards sur cette ville opulente : dans cent ans la multitude de citoyens qu'elle renferme aura cessé d'exister.

Une multitude infinie de sauterelles se répand parfois sur les plaines fertiles de l'Égypte, qu'elle dévaste en un instant.

Quantité d'historiens a fardé la vérité. Peu d'entre eux ont dénoncé avec autant d'énergie que Tacite les crimes des rois à la postérité.

Beaucoup d'hommes ont pratiqué la vertu. Combien peu l'a aimée comme Caton !

### III.

Une compagnie de négocians anglais fonda de vastes établissemens dans les Indes.

Un grand nombre de lacs et de rivières arrose la Suisse ; la multitude de collines et de montagnes dont elle est hérissée lui donnent un aspect varié et pittoresque.

Quantité de bois et d'animaux est apporté en Islande par les glaces qui se détachent au mois de mai des terres arctiques.

La plupart des Islandais sont bien conformés ; mais il y en a peu qui soient grands et vigoureux.

Une troupe de singes se présenta à Alexandre, comme pour lui livrer bataille.

Beaucoup d'Irlandais ont conservé leurs anciennes mœurs et leur religion.

Chez les Grecs une foule d'artistes s'est distinguée dans la sculpture , mais peu de leurs ouvrages nous sont parvenus.

Une infinité de sources descend des montagnes de l'Amérique et forme les plus grands fleuves de la terre.

### ACCORD DU VERBE PRÉCÉDÉ DE *ce*.

RÈGLE. — Ce, *suivi d'un pronom pluriel de la troisième personne ou d'un nom pluriel, veut le verbe au pluriel. Avec* nous *et* vous *, ce veut le verbe au singulier.*

### I.

Ce fut les Phéniciens qui inventèrent la navigation.

C'est les labeurs du paysan qui assurent la subsistance du riche.

C'est nous, braves amis, que l'univers contemple.

C'est les aigles romaines qui ont soumis le monde.

C'était l'ambition et la passion de la gloire qui entraînaient Alexandre à des entreprises téméraires.

Des gens entourant Diogène qui déjeûnait sur la place publique, lui disaient sans cesse : Chien, chien ! C'est vous, leur répondit-il, qui êtes des chiens, vous qui vous tenez autour de moi pendant que je mange.

C'était les lauriers de Miltiade qui réveillaient Thémistocle ; c'était les souvenirs de ses victoires qui allumaient en lui l'amour de la gloire.

C'est, dit Chilon, les trois choses les plus difficiles et en même tems les plus rares que de taire un secret, d'obliger un ennemi et de se connaître soi-même.

L'œil appartient à l'âme plus qu'aucun autre organe ; c'est le sens de l'esprit, c'est la langue de l'intelligence.

Ce doit être de grandes consolations pour l'homme dans ses malheurs que l'estime de ses semblables et le témoignage de sa conscience.

Ce fut les entreprises de Charles XII qui firent déchoir la Suède ; ce fut son audace et sa témérité qui causèrent sa perte.

Ce doit être aux muses d'immortaliser les grands hommes.

Fuyez les curieux ; c'est à coup sûr des indiscrets.

Ce n'est pas les riches égoïstes qui laissent le plus de regrets après leur mort ; c'est les hommes simples et bienfaisans.

### III.

C'était nous qui étions appelés à la nouvelle ambassade : mais ce fut vos sollicitations qui me déterminèrent à faire le sacrifice de cet emploi.

Ce doit être de grands maux pour un état que des lois trop sévères.

C'est les jours de congé que les écoliers aiment le mieux.

Ce devait être des guerriers bien terribles que les Scandinaves.

C'est la justice et la bonté de Louis XII qui l'ont rendu digne du surnom de *Père de la patrie*.

C'est et ce sera toujours des vérités éternelles que celles qui proclament l'existence de Dieu et l'immortalité de l'âme.

Ce fut diverses raisons politiques qui déterminèrent Constantin à transporter le siége de l'empire à Constantinople.

# RÉCAPITULATION

## SUR L'ACCORD DE L'ADJECTIF AVEC LE NOM ET SUR L'ACCORD DU VERBE AVEC SON SUJET.

### I.

Le perroquet est bavard.

Le perroquet et la pie sont bavard.

La colline est ombragée.

La colline et la vallée sont ombragé.

Le renard est rusé.

Le renard et le singe sont rusé.

La rose est odorante.

Le lis et la rose sont odorantes.

A la mi-août les nuits commencent à devenir fraîche.

Un aqueduc de quatre-vingt arches fournit de l'eau à la ville de Placentia en Espagne.

Tout fertile qu'est l'Espagne, elle est peu cultivé.

Tout escarpée, tout impraticable que sont les sommités du mont Saint-Bernard, la charité chrétienne a fondé un hospice sur les hauteurs même les plus élevées du passage. Cet hospice est placé à sept mille cinq cent quarante-deux pieds au-dessus de la mer.

Quelque fût la bonté d'Henri IV, quelque fût sa clémence, il ne put échapper au poignard des assassins.

Quelques beaux que soient les poèmes d'Ossian, on leur reproche de la monotonie.

### II.

Le sel se dissout.

Le sel et le sucre se dissout.

Le soldat meurt pour la patrie.

Le soldat et l'officier meurt pour la patrie.

L'agneau paît.

L'agneau et la chèvre paît.

La soie se tord.

La soie et la corde se détord.

La bougie s'éteint.

La bougie et la lampe s'éteint.

Le chêne se revêt de feuilles.

Le chêne et l'ormeau se revêt de feuilles.

L'arc se tend.

L'arc et le ressort se tend.

Le tailleur coud.

Le tailleur et la couturière coud.

### III.

Il y a une comète qui fait une révolution complète en douze cent jours (trois ans et demi environ). C'est la seule dont le retour soit bien constaté.

Les Italiens sont-ils vindicatifs? Ils les sont à l'excès, et ils ne se font aucun scrupule d'assassiner leur ennemi.

Tout hasardé, toutes aventureuses, tout téméraires qu'étaient les entreprises de Charles XII, le succès couronna long-temps ses efforts.

Les ouvrages même les plus beaux ne sont pas exempts de défauts.

Le serpent de l'Océan a trois cent pieds de long : des auteurs même disent six cent.

Le kraken est un énorme poisson qui a, dit-on, une demi-lieue de circonférence. En seize cent quatre-vingt, un jeune kraken périt sur les rochers de la paroisse d'Astahoug, et sa mort fut suivie d'une si grande peste, que le canal cessa d'être fréquenté.

Les Grecs, les Romains même, tout grands, tout héroïques qu'ils étaient dans l'origine, finirent par courber la tête sous le joug.

Cette charmante maison est située à mi-côte.

Le Chimboraçao, la plus haute montagne des Cordillières, a six mille trois cent trente mètres au-dessus du niveau de la mer. On le voit en mer à quatre-vingt lieues de distance.

Vous êtes fous, disait Molière à ses amis, de vouloir aller vous noyer sans moi. C'est vrai, lui répondirent-ils, nous le sommes. Mais, reprit Molière, quelque pressés que vous soyez, attendez à demain. Le lendemain, ils avaient oublié un projet conçu dans l'ivresse.

La politesse veut que nous parlions nu-tête à nos supérieurs.

Quelque bonneurs, quelque dignités que vous accordiez à un ambitieux, quelque largesses que vous accordiez à un avare, vous ne pourrez jamais étancher la soif qui les dévore.

Ce champ contient deux arpens et demi.

L'an six cent avant Jésus-Christ, Thalès de Milet voyagea en Egypte et rapporta dans la Grèce la connaissance de la géométrie, de l'astronomie et de la philosophie.

## V.

L'ordre et l'utilité publique ne peuvent jamais être les fruits du crime.

Le bonheur et la témérité ont pu faire des héros, mais la vertu toute seule peut former des grands hommes.

C'est ces deux vérités que je me propose de réunir dans ce

4

discours, en vous exposant quels sont les suites infinies des passions.

A votre perte et à votre salut sont attaché la perte et le salut de tous ceux qui vous environne.

C'est vous seuls, mes frères, qui donnent à la terre des poètes lascifs, des auteurs pernicieux, des écrivains profanes.

C'est les riches et les puissans qui vivent sans autre Dieu dans ce monde que leurs plaisirs injustes.

C'est vous seuls qui disputez à Dieu les plus légers hommages ; c'est vous qui vous croyez dispensés de tout ce que sa loi a de pénible et de sévère.

## VI.

O vous qui s'intéressent à la vertu malheureuse, faites l'aumône au pauvre Bélisaire !

Ma mère et moi, nous avons trouvé exagérée cette pensée de Saadi : Le cœur d'un père repose sur son fils ; le cœur d'un fils repose sur la pierre.

Quantité d'hommes admire les merveilles de la nature ; mais peu s'arrête à en pénétrer les secrets.

O mon fils, disait César à Brutus, moi qui t'a conservé la vie, tu veux m'assassiner !

Dieu promit à Abraham que la multitude de ses descendans égalerait celle des étoiles et des grains de sable de la mer.

Flaccus, toi qui cherche la vérité, commence par te connaître toi-même.

Thésée, Hercule et moi, vous ont montré le chemin de la gloire où vous êtes entré.

# CHAPITRE III.

## DU PARTICIPE.

### DE L'ADJECTIF VERBAL ET DU PARTICIPE PRÉSENT.

*L'adjectif verbal et le participe présent sont tous deux terminés en* ant. *Mais le premier est variable ; le second, au contraire, est invariable. Il se reconnaît généralement aux signes suivans :* 1°. *Lorsqu'il marque une action et peut se changer en un autre temps du verbe précédé de* qui, lorsque, puisque, parce que, etc.; 2°. *Quand il est suivi d'un complément direct ou d'un adverbe.*

### I.

Ma sœur est aimant.

Je ne connais pas une personne aimant ses frères autant que ma sœur.

J'ai vu les troupeaux errant dans la campagne.

J'ai vu dans la campagne les troupeaux errant.

J'ai vu vos brebis errant.

4..

Des chiens dévorant se disputaient les lambeaux de sa chair.

Les chiens aboyant annoncèrent l'arrivée de leur maître.

Entendez-vous ces chevaux hennissant et ces trompettes retentissant? c'est le présage du combat qui s'apprête.

Entendez-vous ces tigres rugissant dans le silence des nuits?

Les vierges de Raphaël sont ravissant de beauté.

Le berger a surpris un aigle ravissant un mouton.

Mical avait fait un automate parlant.

Ce mécanicien avait imaginé une statue parlant intelligiblement.

C'est une femme allant et agissant, mais d'ailleurs contrariant et médisant.

C'est une femme allant toujours, agissant du matin au soir, mais d'ailleurs contrariant tout le monde et médisant de son prochain.

C'est une femme perpétuellement allant, perpétuellement agissant, mais du reste sans cesse contrariant et naturellement médisant.

## II.

La fraîcheur naissant de la nuit calmait les feux de la terre embrasée.

Errant dans les bois et au bord des fleuves, les hommes sentirent leur faiblesse individuelle, et bientôt, s'aidant l'un l'autre, ils saisirent le chevreau léger, la brebis timide, et, s'applaudissant de leur industrie, ils s'assirent dans la joie de leur âme.

Des factieux, profitant du mécontentement des esprits, flattèrent le peuple de l'espoir d'un meilleur maître.

De quel œil Dieu doit-il voir vos bras fumant du sang qu'il a créé?

Voyez ces arbres sans écorce et sans cime, courbés, rompus, tombant de vétusté ; d'autres, en plus grand nombre, gisant au pied des premiers, étouffent, ensevelissent les germes prêts à éclore.

### III.

Les flots du Gange sont quelquefois retentissant comme les feux roulant de la foudre.

Que d'hommes, ne plaisant pas par la grâce de leurs manières, n'excitant même que la pitié par la difformité de leurs traits, savent cependant attacher leurs auditeurs par l'étendue et la variété de leurs connaissances !

Les Romains, ne soupçonnant pas d'embûches, s'engagèrent dans les Fourches-Caudines.

Les Athéniens restés aux environs de Salamine, voyant l'Attique incendiée, et apprenant que l'enceinte sacrée de Minerve était renversée, tombèrent dans un grand abattement.

Dans vos peintures, rendez vivant et parlant les grandes figures des temps passés.

Au siége d'Ira, ce fut à la lueur brûlant des éclairs, au bruit sourd de la foudre retentissant, que les Messéniens combattirent sans interruption pendant trois jours, entre des ennemis sans cesse renaissant.

### IV.

Tantôt les regards, errant sur la chaîne successive des montagnes, portent l'esprit, en un clin-d'œil, d'Antioche à Jérusalem ; tantôt, se rapprochant de tout ce qui les environne, ils sondent la lointaine profondeur du rivage.

On aime à voir à ses pieds ces sommets, jadis menaçant, devenus, dans leur abaissement, semblables aux sillons d'un champ ou aux gradins d'un amphithéâtre.

La mort va tout moissonnant.

Quand la femelle de l'ours a perdu ses petits, elle annonce sa douleur, non par des cris perçant, par des rugissemens terribles; mais elle est triste et gémissant : c'est une mère pleurant ses enfans.

Les dauphins sautant annoncent l'approche de la tempête.

Que de faibles entraînés! Que d'âmes chancelant retenues dans le devoir!

Que d'âmes chancelant dans le devoir ont été rappelées à la religion par les bons exemples!

# ACCORD DU PARTICIPE PASSÉ.

## ACCORD DU PARTICIPE PASSÉ SANS AUXILIAIRE OU ACCOMPAGNÉ DU VERBE ÊTRE.

RÈGLE. — *Le participe passé, employé sans auxiliaire, ou accompagné du verbe être, s'accorde, comme l'adjectif, avec le nom auquel il se rapporte...*

### 1.

Votre sœur a été accusé d'avoir commis des fautes : elle a été puni comme elle le méritait.

Une femme a été surpris égorgeant son enfant. Atteint et convaincu de ce crime horrible, elle a été jugé, condamné et exécuté.

Attaqué au dehors par les barbares, déchiré au dedans

par des ambitieux, Rome devait succomber, et elle suc-
comba.

Depuis trois siècles surtout, les lumières ont été propagé,
et la civilisation, favorisé de circonstances heureuses, a fait
des progrès sensibles.

La liberté, la santé, la force, ne sont-elles pas préférables
à la mollesse, à la sensualité, à la volupté même accompagné de l'esclavage?

## II.

Au nom du Tage tant célébré par les poètes, l'imagina-
tion, involontairement réveillée, se retrace les plus riant
tableaux. Elle se figure des rives enchanteresses formé par de
longues prairies émaillé des fleurs les plus odorantes. Elle
erre, délicieusement exalté, sous l'ombrage aromatique
d'arbres épais dont les rameaux, enlacé à ceux du laurier
d'Apollon, sont courbé sous le poids de leurs pommes d'or.

Les fleurs, les fruits, les grains perfectionnés, multiplié à
l'infini; les espèces utiles d'animaux transporté, propagé,
augmenté sans nombre; les espèces nuisibles réduit, confiné,
relégué; l'or et le fer tiré des entrailles de la terre; les tor-
rens contenu; les fleuves dirigé, resserré; la mer même
soumis, reconnu, traversé d'un hémisphère à l'autre; la
terre partout rendu aussi vivante que féconde; les collines
chargé de vignes et de fruits; les déserts devenu des cités
habité par un peuple immense; des communications établi
partout : tels sont les monumens qui attestent la gloire et la
puissance de l'homme.

## ACCORD DU PARTICIPE PASSÉ AVEC SON COM-PLÉMENT DIRECT.

RÈGLE. — *Le participe passé accompagné du verbe* avoir *n'est variable que quand il est précédé de son complément direct : il s'accorde avec ce complément qui est ordinairement représenté par un des pronoms* le, la, les, me, te, nous, vous, se, que, *etc. Les participes des verbes neutres conjugués avec* avoir *sont nécessairement invariables puisqu'ils n'ont pas de complément direct* (1).

### I.

Les graines que j'avais recueilli, je les ai semé.
Les arbustes que vous avez planté ont péri faute de soin.
La harpe que je vous ai donné vous a-t-elle paru bonne ?
Les dessins que je vous ai envoyé vous ont-ils plu ?
Les militaires que j'ai vu sont mort de leurs blessures.
Les actions d'éclat qu'ont fait nos soldats leur ont mérité la croix d'honneur.

---

(1) *Coûté* et *valu* sont variables quand ils ont le sens de *causé, procuré*. Ex. : *Les peines que m'a coûtées cette affaire ; les louanges que m'a values cette action. Couru* est variable, pris au figuré.

Les jours que j'ai passé à la campagne m'ont paru des minutes. Ma sœur et moi, nous y sommes allé en mauvaise santé : nous en sommes revenu bien portant. La salubrité de l'air, le régime que nous avons suivi, les distractions agréables que nous avons eu, les plaisirs tranquilles que nous avons goûté, la satisfaction que nous avons éprouvé, ont opéré en nous un prompt changement.

Je regrette les sommes que m'a coûté cet ouvrage.

## II.

Les portraits que je vous ai montré ont été fait par un artiste célèbre ? Les avez-vous examiné ? Les avez-vous trouvé ressemblant ?

Dites-moi, Mesdemoiselles, quelles sont les occupations que vous avez eu. Les leçons ont-elles été appris ? Ont-elles été récité ? Ont-elles été su ? Les devoirs qu'on vous avait donné sont-ils fait ? Sont-ils écrit proprement ?

Que de maux a produit la paresse !

Les deux vieillards que vous avez connu sont mort. La fortune qu'ils avaient acquis et les trésors qu'ils avaient amassé étaient immenses. Dans leur testament qu'ils avaient fait quelque temps auparavant, ils étaient convenu que le premier qui mourrait laisserait tous ses biens à l'autre. Tous deux ont péri le même jour ; tous deux ont été engloutis dans les flots, et leurs biens ont passé entre les mains de leurs neveux.

Que de malheurs a causé la cupidité ! Combien de crimes a enfanté la soif de l'or !

Tous les momens que Henri IV a vécu ont été consacré au bonheur de la France.

### III.

Après les quarante ans qu'Épiménide avait dormi, dit-on, dans une caverne, il revint dans l'île de Crète, sa patrie.

Les services que j'ai autrefois reçu de vous veulent que j'excuse la conduite que vous avez tenu et les mauvais procédés que vous avez eu à mon égard.

Les malheurs que j'ai essuyé, les injures qu'on m'a prodigué, les outrages que j'ai reçu, les affronts que j'ai souffert, les humiliations que j'ai enduré, les calomnies qui ont été dirigé contre ma réputation, enfin toutes les persécutions qui ont pesé sur ma tête ne m'ont pas empêché de dire tout la vérité.

Cette histoire que j'ai lu est rempli d'erreurs.

Les difficultés que vous avez rencontré dans les participes ont été surmonté au moyen des règles claires et simples que je vous ai donné.

Chaque seconde que le temps a sonné a signalé la dernière agonie d'un de vos semblables.

### IV.

Aglaé a cueilli pour sa mère des fleurs qu'elle lui a offert. Celle-ci les a reçu avec plaisir.

Les règles que je vous ai donné vous ont-elles paru claires? Les avez-vous étudié? Si vous ne les avez pas appris par cœur, si vous ne les avez pas compris, les soins que je vous ai prodigué, les momens que je vous ai consacré, les sacrifices que vos parens ont fait en votre faveur, tout sera inutile. Vous n'acquerrez qu'une instruction superficielle.

Athènes est célèbre par les grands hommes qu'elle a produit.

Que de pays j'ai visité ! Que de régions j'ai parcouru. Que de coutumes j'ai observé ! Quelles différeuces j'ai aperçu entre les peuples que j'ai vu !

Combien de chefs-d'œuvre Raphaël n'a-t-il pas enfanté, pendant les trente-sept ans qu'il a vécu ?

Quelles expéditions Alexandre a-t-il entrepris ? Quelles conquêtes a-t-il fait ? Quelles villes a-t-il assiégé ? Quelles cités a-t-il détruit ? Quelles cruautés a-t-il commis ? Quelles villes a-t-il construit ? Quels ouvrages a-t-il commencé ? Quels empires a-t-il fondé ?

DÉVELOPPEMENS DE LA RÈGLE PRÉCÉ-DENTE. — 1°. *Appliquez la règle précé- dente aux verbes pronominaux qu'il faut tourner par le verbe* avoir *pour s'assurer si le pronom qui les précède est leur régime direct ou indirect. Quand ils ne peuvent pas se tourner par le verbe* avoir *, ils sont censés avoir le pronom pour complément direct, à moins qu'ils ne soient formés de verbes neutres.*

### V.

Mon enfance s'est écoulé avec rapidité.

Les ennemis se sont avancé jusqu'à nos portes. On les a repoussé ; mais ils sont toujours revenu plus acharnés.

Madeleine s'est repenti de ses fautes.

Ma jeunesse s'est passé dans l'amertume, et ma vieillesse s'est avancé prématurément.

Dans une courte période de temps, quatre empereurs romains se sont succédé.

Madame de Sévigné et madame de Grignan, sa fille, se sont écrit des lettres qui sont des modèles dans le genre épistolaire.

Les troupes du grand Condé ne se sont pas emparé de Lérida, malgré les talens militaires de leur général.

Les Chinois se sont servi de la boussole et de la poudre à canon long-temps avant les Européens.

Les Anglais se sont rendu maîtres du Bengale par la trahison.

## VI.

Les musulmans se sont long-temps abstenu de vin; mais la loi du prophète qui le leur défend ne s'est pas toujours observé.

L'autorité que vous vous êtes arrogé est factice, si elle n'est fondé sur la justice.

Avant Jésus-Christ, les peuples s'étaient égaré dans les ténèbres de la superstition.

Les historiens se sont plu à débiter bien des mensonges.

La terre s'est livré au désordre; les peuples se sont heurté; les empires se sont renversé, les trônes les plus puissans se sont écroulé.

Les physiciens s'étaient imaginé que des systèmes ingénieux suffisaient pour expliquer les lois de la nature.

Les passions écarté de la carrière politique se sont porté vers les sciences, et la sphère des idées en tout genre s'est agrandi.

2°. *Quand le participe passé est suivi d'un infinitif, il faut voir si le pronom qui précède est complément direct du parti-*

*cipé ou de l'infinitif; car , dans le premier*
*cas , le participe s'accorde; dans le second,*
*il est invariable.*

## VII.

Les personnes que j'ai vu périr s'étaient exposé impru-
demment.

La physique que j'ai commencé à étudier m'a paru offrir
beaucoup d'attraits.

Les grammairiens que nous avons entendu vanter ne nous
ont pas semblé mériter la réputation qu'ils ont acquis.

Les services que j'ai voulu vous rendre , vous les avez re-
fusé.

Cet officier avait son épée nue ; mais l'ayant laissé tomber,
il fut obligé de se rendre.

Mes livres que j'ai laissé prendre m'auraient été fort utiles
dans ma captivité.

Cette tragédie n'a pas fait honneur à celui qui l'a donné
au public : on est fâché que le comité de lecture l'ait laissé
représenter.

Le peu d'applaudissemens qu'a reçu l'auteur l'ont sans
doute dégoûté du théâtre.

Les ouvrages que vous avez commencé à expliquer ont dû
vous paraître bien beaux.

Que d'hommes Dieu a vu naître et mourir ! Que de géné-
rations il a vu s'éteindre ! Que de cités il a vu disparaître !
Que d'empire il a vu détruire !

## VIII.

Ces nouveaux dialectes qu'on a vu se répandre en Europe furent adopté dès qu'on les eût connu.

Les travaux que j'ai voulu entreprendre n'ont pas réussi.

Les ouvrages que j'ai été forcé d'abandonner ont été acheré par d'autres.

Les beaux plaidoyers que nous avons lu et que nous avions déjà entendu prononcer ont été admiré avec raison.

L'heure que j'ai entendu sonner annonce le départ.

Les journaux que j'ai entendu lire me font présumer que le général a remporté la victoire qu'on a peut-être annoncé trop tôt.

Les hirondelles que nous avions vu s'éloigner sont revenu dans nos régions.

Telles sont les réflexions que j'ai cru devoir vous soumettre avant l'impression des ouvrages que vous avez terminé.

Les sciences que nous nous sommes plu à cultiver sont préférables aux richesses.

REMARQUES. — 1°. *Le participe des verbes impersonnels est invariable ;* 2°. *Le participe entre deux* que *est invariable ;* 3°. Fait *suivi d'un infinitif est invariable.*

Les malheurs que j'ai prévu que vous éprouveriez vous sont arrivé.

Les outrages que vous avez fait essuyer à notre famille étaient cruels ; nous les avons dévoré en silence.

Les travaux qu'il a fallu entreprendre étaient plus pénibles que je ne le croyais.

Plus d'une fois il est tombé des pierres du ciel.

Il s'est trop souvent rencontré de ces ministres qui sacrifient l'État à leur ambition.

La comète que les astronomes avaient prédit qui paraîtrait en mil huit cent vingt-deux doit reparaître le seize novembre mil huit cent trente-cinq.

Il a été trouvé sur le sommet des Alpes des coquillages qui attestent la présence des eaux.

Les monumens qu'ont fait élever les anciens rois d'Égypte ont subsisté plus long-temps que leur nom.

# RÉCAPITULATION.

## I.

Les impressions que l'homme reçut de chaque objet, éveillant par degré ses facultés, développèrent par degré son entendement.

Des troupeaux d'animaux bondissant fouleront cette terre jadis impraticable.

Chaque jour je trouvais sur ma route des champs abandonné, des villages déserté.

Ces palais sont devenu le repaire des fauves.

Les temples sont écroulé, les palais sont renversé, les ports sont comblé.

Quelles idées basses ont-ils conçu du plus élevé des êtres!

Pourquoi tant de villes se sont-elles détruit? Pourquoi cette ancienne population ne s'est-elle pas reproduit?

Ah! comment s'est éclipsé tant de gloire! Comment se sont anéanti tant de travaux!

Les ruisseaux se sont-ils tari, et les plantes sont-elles privés de semences et de fruits?

Comment tant d'élans sublimes se sont-ils mélangé de tant d'égaremens!

La cupidité s'est rendu la cause de tous les maux qui ont désolé la terre.

De la multitude des félicités particulières s'est composé la félicité publique.

## II.

La nature s'est trouvé dans différens états : la surface de la terre a pris successivement des formes différentes.

Ce qui fait que nous ne sommes point étonné de toutes ces merveilles, c'est que nous sommes né dans ce monde de merveilles, que nous les avons toujours vu, que notre entendement, nos yeux y sont également accoutumé.

Les cygnes cherchent à captiver les regards et les captivent en effet, soit que, voguant en troupes, on voie de loin, au milieu des grandes eaux, cingler la flotte ailée, soit que, s'en détachant et s'approchant du rivage aux signaux qui les appellent, ils viennent se faire admirer de plus près, en étalant leurs beautés et développant leurs grâces par mille mouvemens doux, ondulant et suaves.

Au milieu de ces sons discordant d'oiseaux criards et de reptiles coassant s'élève par intervalle la grande voix du kamichi.

## III.

César pleurait sur les triomphes qu'il avait lu qu'Alexandre avait obtenu.

Une douleur que nous n'aurons éprouvé qu'une fois, qui n'aura duré que quelques instans, sera bientôt oublié.

La nature elle-même s'est plu à doter l'Italie et la Grèce de dous à-peu-près semblables.

Quelle gloire pour les lettres d'avoir épargné au pays qui les a cultivé des maux dont ses législateurs, ses magistrats et ses capitaines n'auraient pu le garantir !

La tragédie d'*Héraclius* est conduit d'une manière si singulière et si compliquée que ceux-mêmes qui l'ont vu représenter ont encore de la peine à la comprendre.

Les Italiens avaient vu périr la plupart des arts que leurs immortels artistes avaient fait naître.

> Les éclairs, les feux dévorant
> Font luire devant lui leur flamme étincelant,
> Et ses ennemis expirant
> Tombent de toute part sous la foudre brûlant.
>
> . . . . . . . . . . . . . . . . .
>
> Charmante Sévigné ! quels honneurs te sont dû !
> Tu les a mérité et non pas attendu.

4..

# SYNTAXE DE RÉGIME

## OU DE COMPLÉMENT.

La syntaxe de complément enseigne la manière de compléter le sens d'un mot par un autre mot, le sens d'une phrase par une autre phrase.

RÈGLE. — *Lorsque deux adjectifs, deux verbes ou deux prépositions veulent un complément différent, il faut prendre garde de leur donner le même complément.*

Les bons rois sont utiles et chéris de leurs peuples.

La vanité offense et déplaît à tous les hommes.

Cette banqueroute est préjudiciable et déshonorante pour ce commerçant.

Henri IV assiéga et ne put s'emparer de Paris.

La superstition nuit et blesse les intérêts de la religion.

Les expéditions d'Italie furent nuisibles et désastreuses pour la France.

Nerva adopta et donna l'empire à Trajan.

L'hypocrite est odieux et méprisé de tout le monde.

Je fais peu de cas d'un homme qui parle tour-à-tour en faveur et contre ceux avec qui il vit.

Telle est l'inconstance de la fortune, que souvent elle abandonne et tourne le dos à ses plus chers favoris.

Le prince récompense ses serviteurs selon et en proportion des services qu'ils lui rendent.

RÈGLES. — 1°. *Dessus, dessous, dedans, dehors, alentour, auparavant, davantage, sont des adverbes qui n'ont pas de complément immédiat.*

2°. *A travers veut un complément immédiat; au travers veut la préposition* de.

3°. *Ne confondez pas* près de, *préposition, avec* prêt à, *adjectif.*

4°. *Une préposition ne peut pas se trouver deux fois dans la même phrase, quand il n'y a qu'un rapport à exprimer.*

I.

Nous trouvons dedans nous-mêmes des règles invariables de goût.

On crut les ennemis prêts de pénétrer dans le cœur de l'État.

C'est de l'observation des lois de laquelle dépend le sort de toute nation.

Dira-t-on que les livres où il y a davantage de brillant que de solide soient maintenant à la mode chez les Français?

Cham-î près à expirer donnait à son fils des conseils qui devaient assurer le bonheur de la Chine.

C'est du ciel dont il est fait mention au pays des fables dont je veux vous parler.

C'est de nous dont dépend le destin des combats.

La tortue arrive au but auparavant le lièvre.

Les Chinois sont ensevelis dans leurs jardins.

L'armée d'Attila était alentour de Rome, lorsque le pape Léon, revêtu de ses ornemens pontificaux, sortit dehors des murs et vint au-devant du barbare.

## II.

Auparavant d'expirer, Scilure fit venir ses enfans.

C'est principalement par les alimens par lesquels l'homme reçoit l'influence de la terre qu'il habite.

Dans Cicéron, il y a davantage d'abondance et de persuasion; dans Démosthène, il y a davantage de force et de véhémence.

C'est surtout dans nos yeux dans lesquels nos secrètes agitations se peignent et dans lesquels on peut les reconnaître.

C'est à Richelieu à qui Louis XIII abandonna les rênes du gouvernement : c'était par ce ministre seul par qui la France était gouvernée.

Racine consultait Boileau dessus ses ouvrages, et l'illustre critique, qui avait davantage de goût que de génie, relevait avec sévérité toutes les taches échappées à la verve de son illustre ami.

Le soleil changera son cours auparavant que la sottise prévale sur la sagesse et le savoir.

C'est ici où fleurit jadis une ville opulente : c'est ici où fut le siége d'un empire puissant.

C'est là où affluait un peuple nombreux, là où l'industrie appelait les richesses de tous les climats.

# DE L'EMPLOI DU VERBE DANS LES PHRASES COMPLÉMENTAIRES.

Une phrase *complémentaire* est celle qui complète le sens d'une autre phrase. Le subjonctif est spécialement destiné à entrer dans ces sortes de phrases.

*On emploie le subjonctif* (1) :

1°. *Après les verbes qui expriment le doute, le souhait, la crainte, la volonté, le commandement, etc., et après ceux qui sont accompagnés d'une négation ou d'une interrogation;*

2°. *Après les verbes impersonnels;*

3°. *Après* qui, que, dont, lequel, où, *précédés de* seul, peu, *ou d'un superlatif relatif;*

4°. *Après* afin que, à moins que, avant que, quoique, quelque que, de peur que, etc.

---

(1) *Voyez* la Grammaire pour les exceptions.

## I.

Quoique les nègres ont peu d'esprit, ils ne laissent pas d'avoir beaucoup de sentiment.

Le toucher est le seul sens qui est absolument essentiel à l'animal.

On ne dira pas que la gloire militaire nous a manqué.

Considérons l'homme sage, le seul qui est digne d'être considéré.

Croyez-vous que le hasard peut faire un portique, un temple, un monde ?

Je ne m'imagine pas que Platon, Cicéron et les autres philosophes anciens croyaient aux monstruosités du paganisme.

Il semble naturel que les Romains modernes, dont les aïeux ont joué un si grand rôle sur la terre, ont servi de type aux Raphaël et aux Dominiquin pour représenter les personnages de l'histoire.

## II.

Il n'est pas rigoureusement vrai que les divinités poétiques des chrétiens sont privées de toute passion.

Le monde entier ne m'offre pas un lieu où je puis mettre ma tête coupable à l'abri de la vengeance céleste.

Il semblait que les Grecs ne pouvaient être subjugués par une nation étrangère qu'après avoir été vaincus par eux-mêmes.

Les Vénitiens ont été les premiers qui ont imaginé d'attacher au gouvernement les sujets riches, en les engageant à placer une partie de leur fortune dans les fonds publics.

L'Espagne était, au quinzième siècle, la seule puissance

qui avait une infanterie toujours subsistante : ses soldats étaient les plus aguerris qu'il y avait en Europe.

Qui doute que Carthage n'aurait été que commerçante s'il n'y avait pas eu de Romains ?

## CORRESPONDANCE DES TEMPS.

RÈGLE. — 1°. *Quand le verbe de la première phrase est au présent ou au futur, on met le second au présent du subjonctif, si l'on veut exprimer un présent ou un futur, et au passé, si l'on veut exprimer un passé* (1).

2°. *Quand le premier verbe est à l'imparfait, au plusqueparfait, à l'un des passés ou à l'un des conditionnels, on met le second à l'imparfait du subjonctif pour exprimer un présent ou un futur, et au plusqueparfait pour exprimer un passé.*

### I.

Avant d'avoir lu les auteurs anciens, je ne croyais pas qu'on puisse y trouver tant de charmes.

_____

(1) *Voyez* cette règle plus détaillée dans la *Grammaire française.*

Il ne me paraissait pas douteux que le christianisme puisse offrir un merveilleux aussi riche que celui de la fable.

Pour faire la conquête de l'Italie, il aurait fallu qu'Annibal ne laisse pas amollir ses guerriers par les délices de Capoue, et surtout qu'il n'ait pas affaire à un peuple tel que les Romains.

Cet attrait de la belle Ausonie est toujours le même. Il fallut que le Poussin vienne mourir sur cette terre des beaux paysages.

Il a fallu que le christianisme vienne chasser tout ce peuple de faunes, de satyres et de nymphes.

Pour résister aux Romains, il aurait fallu que Carthage soit moins opulente.

Avant Vasco de Gama et Christophe Colomb, on ne croyait pas en Europe que la mer Atlantique soit praticable et que les côtes occidentales de l'Afrique puissent être habitées.

## II.

Il semblerait que, par sa position, la Grèce n'ait dû ni conquérir ni être conquise.

Alexandre aurait voulu qu'Alexandrie devienne l'entrepôt du commerce de l'univers.

Est-il étonnant, dit Plutarque, que Diane eût laissé brûler le temple d'Éphèse, puisque pendant l'incendie elle assistait aux couches d'Olympias. Il est surprenant, dit l'historien Critias, qu'une pensée aussi froide n'eût pas éteint l'incendie.

Antoine exigea d'Octave que Cicéron soit mis à mort.

# EXERCICES

## LA RÈGLE DE FAMILLE ET DE DÉRIVATION.

### SYLLABES FINALES.

Le meilleur moyen de bien écrire la syllabe finale d'un mot isolé est de consulter la dérivation (1). On reconnaît qu'il faut écrire *plomb* avec un *b* à la fin , parce qu'il y en a un dans les dérivés *plomber* , *plombier* , *plomberie.*

---

(1) Nous avons placé à la fin de cet ouvrage les exercices relatifs à la règle de dérivation ; mais si l'on veut suivre nos conseils, qui sont ici ceux de l'expérience , ils seront mis les premiers entre les mains des enfans. On ne tardera pas à s'apercevoir qu'ils rendent plus faciles la plupart des exercices suivans, et l'on sentira combien est utile une règle qui embrasse plus de six mille mots, sans avoir deux cents exceptions; toutefois nous conseillons de réserver pour la fin les exercices IV v, VI et la récapitulation.

5

( Les élèves écriront les mots suivans sous la dictée: ils devront en chercher les dérivés qu'ils mettront sur la colonne en regard. )

| | | | |
|---|---|---|---|
| Abord (aborder) | Bâ | Caquet | Dévo |
| Abrico, etc. | Bassin | Carrié | Dispo |
| Accen | Bavar | Cba | Diver |
| Accès | Béat | Chan | Dit |
| Acciden | Bienfai | Chocola | Dix |
| Accor | Bon ( adj. ) | Cinq | Do |
| Acba | Bon ( subst. ) | Ceint | Don |
| Acié | Bor | Cent | Dot |
| Acqui | Boucher | Coffret | Dra |
| Adroi | Boulet | Comba | Droi |
| Affron | Bouquet | Commun | Duc |
| Alphabet | Bouquin | Compas | Ecar |
| Ama | Bourdon | Complot | Échala |
| Ani | Bras | Concer | Écla |
| Appâ | Brigan | Conci | Écri |
| Apprè | Brochet | Coquin | Égou |
| Ar | Brui | Couplet | Emprun |
| Arc | Brun | Cour | Épais |
| Arden | Brut | Crochet | Épar |
| Argen | Butin | Dar | Érudi |
| Argumen | Butin | Débarras | Espri |
| Arpen | Cabaret | Déba | Essaim |
| Attribu | Cachet | Débi | Estoc |
| Aucun | Cadena | Dégoû | Estomac |
| Avi | Caho | Démi | Excès |
| Bac | Canar | Den | Exemp |
| Badin | Candida | Dépi | Exper |
| Ban | Canon | Devan | Exploit |

Exprès
Fago
Fécon
Flu
Foncier
Fouet
Frèt
Froi
Fromen
Fusil
Galan
Galo
Gan
Garan
Garçon
Gazon
Genti
Gourman
Goû
Gresi
Gri (subst.)
Gri (adj.)
Gro
Habi
Haren
Héritier
Idio
Immédia
Indéci
Jet

Laid
Lait
Lar
Las
Liar
Lon
Lour
Manda
Marchan
Marmo
Marqui
Matela
Méconten
Mignar
Momen
Mon (subst.)
Mor
Mulet
Net
Nigau
Nom
Orien
Os
Outi
Ouvrier
Par
Paren
Parfum
Parquet
Pas

Passager
Perver
Persi
Peti
Pivo
Plaisant
Plu
Poignard
Potager
Pot
Près
Prêt
Poing
Point
Por
Porc
Profi
Profon
Progrès
Projet
Propo
Quar
Ra
Racha
Ragoû
Ran
Rappor
Rebu
Réci
Regret

Remis
Repo
Respec
Retar
Ris
Ron
Rô
Sain
Saint
Salu
Sang
Seing
Séna
Sens
Solda
Son
Sourci
Tapi
Tard
Taupier
Tein
Toi (subst.)
Traver
Trépa
Tron
Van
Ven
Ver de terre
Vers
Voisin

## VOYELLES INITIALES ET MÉDIALES.

RÈGLE. — *Écrivez* ai, an, au *avec un* a, *lorsque dans un dérivé vous trouvez un* a ; è, ei, eau, en *avec un* e, *lorsque vous trouvez un* e *ou un* i ; in, *avec un* i, *quand vous trouvez un* i ; œu *au lieu de* eu, *quand vous trouvez un* o.

| | | | |
|---|---|---|---|
| Austère | Clair | Enfance | Grammaire |
| Baisser | Clerc | Éphémère | Guerre |
| Batau | Cœur | Escabau | Haine |
| Bauté | Colère | Espèce | Harnais |
| Beuf | Collègue | Euf | Honnête |
| Blasphème | Complet | Euvre | Humin |
| Boissau | Concrèt | Extrême | Hypothèque |
| Bourrau | Conquête | Examen | Inquiet |
| Cancer | Contraire | Extrait | Insinuant |
| Cendre | Coutau | Faim | Intègre |
| Chagrin | Décret | Faire | Interprète |
| Chair | Dépôt | Faux | Intestins |
| Chamau | Dessin | Femme | Jumau |
| Chapau | Devin | Fer | Lambin |
| Chaud | Diocèse | Fidèle | Libertin |
| Chemin | Divin | Fin | Loyauté |
| Chèvre | Ébène | Gain | Lunaison |
| Chimère | Écrivain | Gangrène | Main |
| Chœur | Empire | Géomètre | Maison |
| Cisau | Enchère | Graisse | Mètre |

| | | | |
|---|---|---|---|
| Malin | OEil | Seigner | Tonnau |
| Mantau | Oisau | Seing | Vaiu |
| Maroquin | Pain | Sembler | Venin |
| Martau | Pair | Serein | Ver |
| Matin | Peine | Serin | Veu |
| Mesquin | Plaine | Seur | Vicaire |
| Meurs | Plein | Siège | Vilain |
| Morçau | Populaire | Sphère | Viti |
| Mutin | Règle | Taire | Ving |
| Nend | Rein | Taquin | |
| Nivau | Sceau | Taux | |
| Obscène | Sectaire | Terre | |

## PHRASES A DICTER.

### I.

Le coffret est ouver.
Le complo est découver.
Le lar est gra.
Le ven est violen.
Ce dra est fin.
Le gazon est ver.
Mon san est bouillan.
Mes sen sont délica.
Le froi est piquan.
Le gan est blan.
Son goû est exqui.
L'habi est gri.
Le marqui est fier.
Le platon est pein.
Ce ver est coulan.

## II.

L'abrico est bon.

L'acier est brillan.

Le perroquet est bavar.

Le boulet est ron.

Le bouquet est odoran.

Ce bouquin est cher.

Le brochet est excellen.

Le brui est sour.

Le diaman est bru.

Le ban est publié.

Ce ban est peti.

Les baux sont renouvelés.

Ce tablau est bau.

Le vin est restauran.

Le bu est attein,

## III.

Ce vieillard est austère.

Le batau est léger.

La bauté est éphémère.

Le beuf est gro.

Le bourrau est inhumin.

La çandre est chôde.

La chair est faible.

Le chamau est patien.

Ce chapau est élégan.

La chèvre est vive.

Le ruissau est cler.

Cette conquète est injuste.

Le devin est menteur.

L'écrivin est érudi.

L'empire est immense.

L'examen est à sa fin.

La fim est un supplice.

## IV.

Ce pin est si bien pin sur ce tableau, que les oiseaux s'approchent pour le becqueter.

Le pin et le sapin croissent sur les mons les plus élevés et bravent la fureur des vens les plus violens.

En jouant à pair ou non, il per tout son argen.

Les deux font la paire.

La pau de l'âne fait des parchemins et des tambours.

Il faut mettre ce plan de vignes sur un terrain dont le plan soît incliné.

Le rà a le poil ra.

Le tro de ce cheval me fatigue tro.

## V.

Le sein est contrefai.

Il tourne le poignar dans mon sin.

Lycurgue voulait un espri sin dans un corps sin.

Le Saint-Espri est prodigue de ses dons.

Nous avons cin sen : la vue, l'ouïe, l'odorat, le goû et le tac.

Attachez la chaîne à cette poutre de chène.

Nos enfans sont notre chair, notre san : combien ils doivent nous être chers!

Le chan grégorien qu'on appelle plin-chant est grave et imposan.

Ces chams sont plins de fromen.

Il est clair et éviden que vous avez fait un pas de cler.

Mettez les coins dans le coin du fruitier.

Le cou que j'ai reçu sur le cou a été bien violen.

Combien coûte cet acte : le coû en est de vin sous.

Cette couturière cou à merveille.

## VI.

Le ruissau qui court à l'extrémité de ma cour a un cour très-rapide.

Damoclès craint la mort dès qu'il voit au-dessus de sa tête une épée suspendue par un crin de cheval.

La carie se met dans mes dens d'en hau.

Le vrai chrétien qui regarde Dieu comme sa dernière fin a fim de la parole de vie. Il ne fint point.

J'aime cet enfan que j'ai tenu sur les fons du baptême : je connais le fon de son cœur.

Le lai de chèvre est plus balsamique que le lai de vache.

Jamais personne ne fut plu lai qu'Ésope ; jamais personne n'eut plu d'espri.

Un paren qui m'aimait beaucoup m'a laissé un legs qui assure ma fortune.

Sin Mor était noir comme un mor d'Afrique. Il disait à son cheval : Si tu mor ton mor, tu es mor.

## RÉCAPITULATION.

### I.

Théoclès était un vieillar encore ver : il avait le regar scrutateur, un visage austère, le por noble et imposan. Placé par sa nèssance dans une sphaire élevée, ayant constamment occupé les postes les plus éminens de l'Éta, il avait l'abor froi et l'air fier et hautin. Mais il suffisait de le voir de près et de l'entendre quelques instan pour se sentir attiré vers lui par je ne sais quel charme secret. Ses discours étaient si éloquens, son ton si insinuan, son langage si vrai, qu'il se rendait mêtre de l'esprit de ses auditeurs. L'effet qu'il produisait était si prom et surtout si puissan, que, après l'avoir abordé avec une espaice de crainte mêlée de respec, on ne le quittait qu'avec regret. Du reste, quoique sévaire pour lui-même, il était indulgen pour les autres : son cœur était ouver à tous les sentimens de la nature : ses mœurs étaient douces et pèsibles.

## II.

Chaque sen est un instrumen dont l'enfan appren à se servir dès l'âge le plus tendre.

Voyez ces solitaires qui, par de sints motifs, renoncent à se nourrir de toute chair et se livrent à tous les excès de l'abstinence. Confinés dans ces tombaux vivans où l'on ne respire que la mor, le tein blafar, l'œil étein, ils ne jettent autour d'eux que des regars languissans, et leur existence samble ne se soutenir que par efforts.

L'enfan qui vient de nêtre est une image de misaire. Il est dans les premiés temps si fèble, que sa vie incertène paraît à chaque instan être à sa fin. Il ne prand place dans l'espaice humaine que pour en partager les pènes.

C'est par l'examain de divers sujets, par un gran exercice de l'ar dn dessein, et par un sentimen exqui que les grans statuères sont parvenus à fère ces belles statues que, d'un commun accord, on a regardées comme les modailes les plus exact du cor humin.

5..

### III.

L'ancien et le nouvau Testamen ont tous deux le même dessin. L'un prépare le chemain de la perfettion, l'autre le montre à découvairt; l'un pose le fondemen, l'autre achaive l'édifice.

Les volcans renferment dans leur sin des matières qui servent d'alimen à un feu souterrain, et dont l'effet est souven plus violen que celui du tonnerre.

L'Arabe, au lieu de respecter ses déserts, qui assurent son repo et sont les rempars de sa liberté, les souille par ses forfais.

L'Arabe part avec ses chamaux, arrive tout-à-cou aux confains du déser, arraite les premiers passans et s'enfuit après avoir chargé ses chamaux de son butin.

Les chats sont des domestiques infidailes; quoiqu'ils soient gentis, quand ils sont jeunes, ils ont un caractaire faux, un naturel perver que l'âge ne fait qu'augmenter.

FIN DE LA PRAXIGRAPHIE.

# TABLE.

| | Pages. |
|---|---|
| CHAPITRE 1er. Formation du pluriel dans les noms et les adjectifs. | 1. |
| Exceptions à la règle générale | de 3 à 12 |
| Récapitulation | 12, 13, 14 |
| CHAPITRE II. Formation du féminin dans les adjectifs | 14, 15, 16 |
| Exceptions à la règle générale | 16, 25 |
| Récapitulation sur les féminins | 26, 27, 28 |
| CHAPITRE III. Exercices sur les verbes | 29, 37 |
| Récapitulation sur les quatre conjugaisons. | 37, 38, 39 |
| Sur les personnes, les temps et les modes des verbes. | 39, 42 |
| Verbes en *ger*, en *eler*, qui ont *iant* au participe passé | 42, 47 |

## SYNTAXE D'ACCORD.

| | |
|---|---|
| CHAPITRE 1er. Accord de l'adjectif avec le nom. Accord du verbe avec son sujet. | 49, 55 |
| CHAPITRE II. Accord de l'adjectif avec *personne*, *quelque chose* et *gens*; de *nu* et *demi*; de *tout*, *quelque*, *même*, *vingt*, *cent* et *mille*; de *le*, *la*, *les*, pronoms. | 55, 65 |
| Accord du verbe avec *qui*; avec les collectifs; avec *ce* | 65, 70 |
| Récapitulation | 71, 74 |
| CHAPITRE III. De l'adjectif verbal et du participe passé | 75, 78 |
| Du participe passé | 78, 87 |
| Récapitulation sur les participes | 87, 89 |

## SYNTAXE DE RÉGIME OU DE COMPLÉMENT.

| | |
|---|---|
| Du nom et du pronom employés comme complémens | 90, 92 |
| Du verbe dans une phrase complément. | 93, 95 |
| Correspondance des temps | 95, 96 |

## EXERCICES SUR LA RÈGLE DE DÉRIVATION.

| | |
|---|---|
| Syllabes finales | 97, 99 |
| Voyelles médiales et initiales | 100, 104 |
| Récapitulation | 104, 106 |

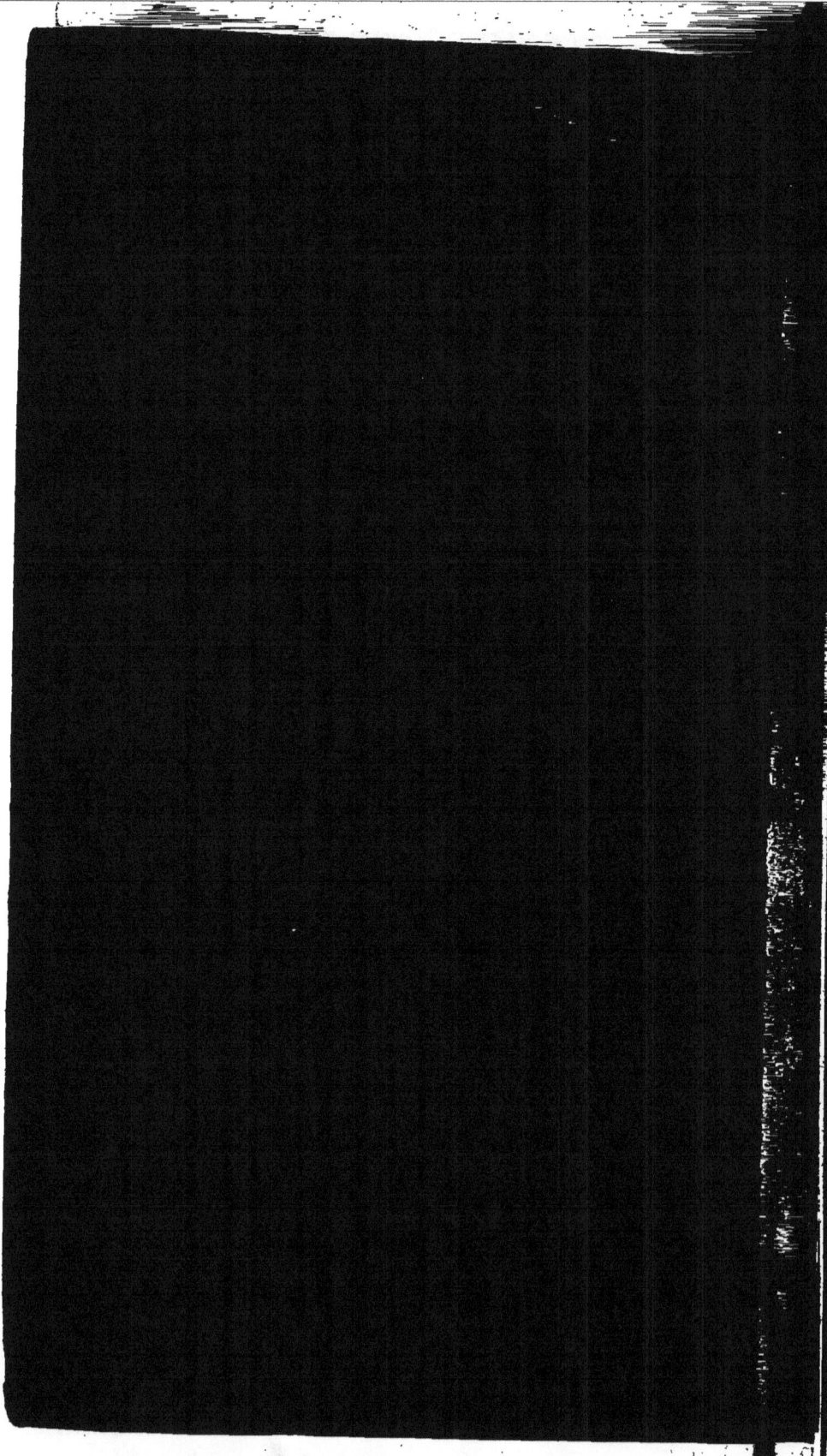

www.ingramcontent.com/pod-product-compliance
Lightning Source LLC
Chambersburg PA
CBHW071809090426
42737CB00012B/2014